THAILAND & KAMBODSCHA // Tauch- und Schnorchelführer

K. May, M. C. Schall, T. Abbady, R. Falbe

THAILAND & KAMBODSCHA //

Tauch- und Schnorchelführer

K. May, M. C. Schall, T. Abbady, R. Falbe

cyberXtours
... den Fuß in der Welt
www.cybertours-x.de

Bibliografische Information Der Deutschen Bibliothek: Die Deutsche Bibliothek verzeichnet diese Publikation in der Deutschen Nationalbibliografie; detaillierte bibliografische Daten sind im Internet über < http://dnb.ddb.de > abrufbar.

Thailand & Kambodscha: Tauch- und Schnorchelführer
K. May, M. C. Schall, T. Abbady, R. Falbe

1. Auflage, Januar 2006

cybertours-x verlag 2005
Genslerstraße 25 c
D-22307 Hamburg

www.cybertours-x.com
cybertours@tiscali.de

 Wir danken dem Fremdenverkehrsamt Thailand für die freundliche Unterstützung mit Informationen und Kartenmaterial.

Covergestaltung ©:	Armin Köhler; cybertours-x
Karten & Pläne ©:	Armin Köhler; cybertours-x
Fotos ©:	M.C. Schall, R. Falbe, P. Pointner, Cinezz
Redaktion:	A. Wackler u. M. Kaminski
Layout & Satz:	Armin Köhler
Herstellung:	PBtisk s.r.o.

Danke:	Igor Ciecierski
	Peter Pointner
	George Whiteman
	Richard Colter (See you in San José)

ISBN 3-9809585-5-8

...TRAVELLING?

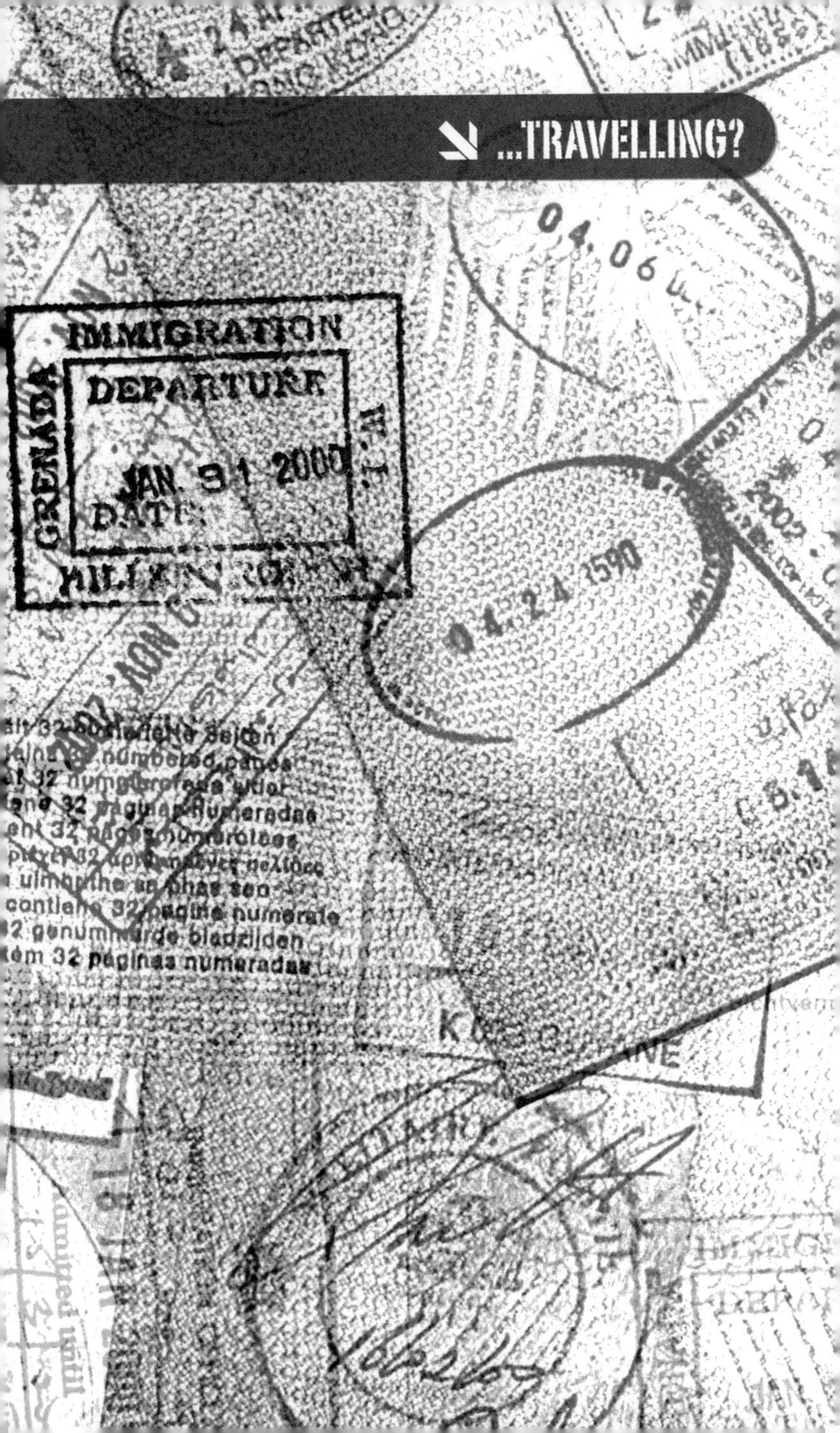

INHALTSVERZEICHNIS *

Thailand - Kambodscha // Übersichtskarte
0
km
300
Laos
Thailand
Phu Pha Yon Nationalpark
Phu Chong Nayoi NP
Bangkok [S. 32]
Khao Yai Nationalpark
Angkor Wat
Myanmar
Seam Reap [S. 128]
Kambodscha
Pattaya [S. 105]
Trat [S. 120]
Hardeep / Bremen / Khram
Koh Chang [S. 111]
Phnom Phen [S. 120]

Burma Banks
Chumphon [S. 81]
Koh Tao [S. 80]
Surin Inseln [S. 57]
Samui Archipel [S. 89]
Similan Inseln [S. 57]
Krabi [S. 61]
Phuket [S. 46]
Shark Point
King Cruiser
Koh Phi Phi [S. 73]
Koh Lanta [S. 77]
Koh Lipe
Tarutao UW. Nationalpark [S. 79]
Andamanensee
Golf von Thailand
Malaysia
Sihanoukville [S. 128]
Ream Nationalpark
Vietnam
Laos
Vietnam
Thailand
Myanmar
Kambodscha
Vietnam
Malaysia
© cybertours-x

VORWORT *

„Die Vietnamesen pflanzen Reis, die Khmer schauen zu, und die Laoten lauschen, wie er wächst.“

Französisches Sprichwort aus Indochina

Seeschildkröte // Chumphon Pinnacle △

Khmer-Tänzerinnen in Angkor Wat ▽

Kleinstlebewesen im Schutz des Riffs △

Seestern am Riffgrund // Shark Point ◁

Feuerkoralle // Anemonen-Reef ⪡

Nächste Doppelseite: ⪢
Pozellankorallenstock // Koh Chang

Garnele auf Saugnapfkoralle ▽

△ *Fischer vor Koh Chang*

▷ *Mördermuschel // Koh Lanta*

▽ *Leben am Riff // Koh Racha Yai*

LAND UND LEUTE

Geografisches

Das thailändische Königreich ist rund 514 000 Quadratkilometer groß und läßt sich topografisch in 4 Regionen unterteilen:
Die fruchtbare Zentralebene um Bangkok, das Bergland der Himalaya-Ausläufer im Norden und Westen, das trockene, savannenartige Korat-Plateau im Nordosten und die Halbinsel von Malakka im Süden mit bizarren Kalksteinformationen.

Kambodscha grenzt an Thailand im Westen und an Vietnam im Osten, im Norden weiterhin an Laos. Im Süden bildet der Golf von Thailand eine natürliche Landesgrenze. Kambodscha wird im Westen von dem trockenen Klima und Topografie des Korat-Plateaus geprägt, während der Osten des Landes bereits unter dem Einfluss des feuchten Mekong-Deltas steht. Im Grenzgebiet zu Laos finden sich weite Gebirgsrücken, Siedlungsgebiet der Montagnards-Volksgruppe.

Bevölkerung

Thailand zählt über 60 Millionen Einwohner. Die ethnische Bevölkerungsstruktur ist überwiegend homogen, als Minderheiten gelten Chinesen, malaiische Muslime im Süden und die Bergstämme (Hilltribes) der Akha, Shan und Meo, die im letzten Jahrhundert aus China, Tibet, Burma und Laos eingewandert sind. Alle Minderheiten zusammen stellen rund 11 % der Gesamtbevölkerung.
Die Bevölkerung Kambodschas zählte Mitte der 80er Jahre noch etwa 7 Millionen Einwohner, heute leben in dem Land wieder weit über 12 Millionen Menschen. Ein Großteil der Khmer hat Krieg und Terror also nicht mehr miterlebt, und wie auch in anderen asiatischen Ländern ist die Jugend westlichen Besuchern gegenüber neugierig aufgeschlossen. Ethnisch und kulturell ist das Land eher von Indien als von China beeinflußt. Als Minderheiten gelten die Montagnards (Hilltribes), deren Stämme der Jarai, Kreung und Tam-

Bergland im Norden Kambodschas

puan bis heute ein vorsintflutliches Dasein führen. Die CIA machte sich während des Vietnamkrieges deren kriegerisches Temperament zunutze und setzte viele Montagnards als Guerilla-Kämpfer gegen den Vietcong ein. Vietnamesen bilden eine weitere Minderheit im Lande, gerade die „Taxi-girls" in Phnom Penh nutzen die Aufbruchstimmung für eigene Geschäfte.

Vergangenheit und Gegenwart

Man geht davon aus, dass die ursprünglichen Thais vor etwa 4500 Jahren in Südchina lebten und um 600 n. Chr. ihr erstes Reich in Yünnan gründeten. Im Laufe der folgenden Jahrhunderte wanderten zahlreiche Stämme (Lao, Shan und Thai) unter dem Druck der übermächtigen mongolischen Nachbarn gen Süden, in den Norden des heutigen Hoheitsgebietes von Thailand. Dort stießen sie auf das blühende Reich der Mon und Khmer mit deren Hauptstadt Angkor. Die Einwanderer übernahmen rasch deren buddhistische Religion und die Kultur ihrer neuen Nachbarn; erste siamesische Füstentümer entstanden. Ab dem 13. Jahrhundert wurde Sukothai im Norden Hauptstadt des ersten Königreiches und Wiege der neuen siamesischen Kultur. Mit neuen Eroberungen im Süden wurde ab 1350 die zweite Hauptstadt Ayutthaya gegründet, die erst 1767 durch die Birmanen zerstört werden sollte. Nach langen Kämpfen bestieg 1782 General Chao Phraya Chakri als Rama I. den Thron in Bangkok und begründete damit eine Regierungs-Dynastie. Unter Rama IV. (1851 - 1868) wurden zahlreiche Handelsbündnisse mit den Westmächten geschlossen, das Ende einer langen Isolation Siams. Diese umfassende Modernisierung und die Öffnung nach Westen bewahrte das Land vor einer Kolonialherrschaft, wie sie den Nachbarländern bestimmt war. Im Jahre 1932 wurde die konstitutionelle Monarchie eingeführt, 1939 wurde der Name „Siam" in „Thailand" („Land der Freien") umbenannt. Während des Zweiten Weltkriegs war Thailand mit Japan verbündet, 1942 erklärte man den Alliierten den Krieg. Eine Widerstandsbewegung putschte 1944 erfolgreich gegen Ministerpräsident Pibul Songgram, so dass nun seinerseits eine Kriegserklärung an Japan erfolgte und Thailand nach Kriegsende seine volle Souveränität wahren konnte.

Im Jahre 1946 bestieg König Bhumipol als Rama IX. den Thron. In den frühen 90er Jahren führten dann erneut massive prodemokratische Proteste zum Sturz der autoritären Militärregime, der Beginn der Demokratisierung in Thailand. Die Asienkrise von 1997 markierte das vorzeitige Ende des rasanten wirtschaftlichen Aufschwungs seit Ende der 70er Jahre. Dem neuen Premierminister Chuan Leekpai gelang eine Stabilisierung und in Folge ein Anknüpfen an alte Erfolge. Im gleichen Jahr wurd eine neue, auf demokratischen Grundsätzen basierende Verfassung im Parlament verabschiedet. Im Januar 2004 erzielte die Regierungspartei „Thai Rak Thai" unter Premier Dr. Thaksin Shinawatra bei den Parlamentswahlen eine überwältigende Mehrheit und regiert in Folge das Land allein.

In der Blütezeit um 900 bis 1200 n. Chr. reichte das Königreich Kambodscha bis nach Tonking, Birma und dem Mekong-Delta. Die Tempel von Angkor Wat zeugen bis heute von dieser eindrucksvollen Epoche. Ab dem 13. Jahrhundert fielen weite Gebiete des ehemals mächtigen Khmer-Reiches an Siam und Vietnam. Im Jahre 1864 geriet Kambodscha unter die Fremdherrschaft der Kolonialmacht Frankreich, welche erst 1953 mit der Krönung König Sihanouks beendet werden konnte. Im Jahre 1960 wurde Norodom Sihanouk Staatschef von Kambodscha. Im Jahre 1970, als König Sihanouk gerade auf einer Reise in der Sowjetunion und China unterwegs war, putschte der damalige Premierminister Lon Nol mit Unterstützung der CIA. Lon Nol schaffte die Monarchie ab und rief die Khmer-Republik aus, in Peking wurde dagegen von Sihanouk eine Exilregierung proklamiert. Am 17.04.1975 eroberten die Roten Khmer unter Führung von Pol Pot die Hauptstadt Phnom Penh. Der Ideologie ihres „Steinzeit-Kommunismus" fielen durch Terror und Folter über 1 Million Kambodschaner zum Opfer, etwa ein Zehntel der damaligen Bevölkerung. 1979 besetzten vietnamesische Truppen Kambodscha, die 10 Jahre im Lande bleiben sollten. Die Roten Khmer zogen sich in unwegsame Regionen zurück und erhielten weiterhin Unterstützung aus China. Die Weltöffentlichkeit erfuhr erstmals von dem Grauen der „Killing Fields", von dem Gemetzel Pol Pot´s an der Zivilbe-

Jagdgesellschaft um 1900

völkerung und politischen Gegnern. Nach Abzug der vietnamesischen Truppen 1989 wurde der „Staat Kambodscha" (State of Cambodia) verkündet, ein Jahr später einigten sich die kambodschanischen Konfliktparteien auf Annahme eines UN-Friedenplans. Eine UN-Übergangsverwaltung sollte 1992 den Waffenstillstand der Bürgerkriegsfraktionen und die Entwaffnung überwachen. Erstmals waren auch deutsche UN-Truppen im Einsatz. Phnom Penh galt in den frühen 90ern als Eldorado für Gesetzlose aus aller Welt; Drogenhandel und Prostitution ernährten Kriegswaisen und Warlords.

Eine Übergangsregierung wurde 1993 nach von den Vereinten Nationen überwachten Wahlen bestimmt, wenig später wurde die konstitutionelle Monarchie „Königreich Kambodscha" verkündet. Prinz Norodom Sihanouk wurde erneut zum König von Kambodscha gewählt. Ein Staatsstreich des 2. Premiers Hun Sen führte 1997 zur Flucht des 1. Premierministers Prinz Ranariddh und anderer Politiker ins Exil; Ranariddh kehrte erst 1998 in das Land zurück. Am 15.04.1998 wurde der Tod Pol Pot´s bekannt gegeben, im gleichen Jahr fanden erstmals von Kambodscha selbst organisierte Wahlen statt. Im Dezember 1998 ergaben sich die führenden Roten Khmer Khieu Samphan und Nuon Chea, letzte Guerilla-Einheiten wurden amnestiert und der regulären Armee eingegliedert. Bis heute wurden viele Kämpfer der Roten Khmer für Ihre Verbrechen nicht zur Verantwortung gezogen, obwohl ein Abkommen mit den Vereinten Nationen die Einrichtung eines Sondertribunals vorsieht. Im Frühjahr 1999 wurde Ta Mok, ein letzter hochrangiger Offizieller der Roten Khmer, verhaftet. Im gleichen Jahr gelang Kambodscha die vollwertige Aufnahme in die Handelsunion ASEAN. Am 16.07.2004 erfolgte die Bildung der Koalitionsregierung unter Premier Hun Sen, im Oktober wurde König Norodom Sihamoni in sein Amt gewählt.

Sprache

Thai- und Khmer-Schriften wurden einst aus dem indischen ***Dewanagari***-Schriftzeichen abgeleitet, was für Europäer aus dem Kulturkreis des lateinischen Alphabets beim Lesen einige Schwierigkeiten aufwirft. Thai ist zudem eine tonale Sprache, die Bedeutung eines Wortes verändert sich je nach Aussprache. Sowohl in Thailand als auch in Kambodscha wird aber i. d. Regel in den touristischen Regionen recht gut Englisch gesprochen, in Kambodscha oft auch noch Französisch von der älteren Generation. Vor Ort können nützliche „Dictionaries", Wörterbücher, Thai-English und Khmer-English in den Buchläden erworben werden.

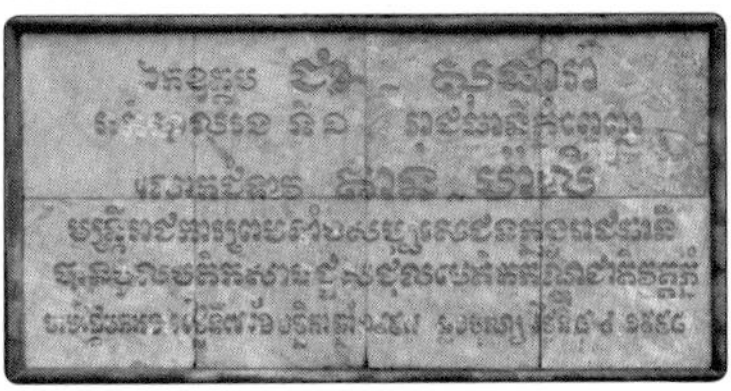

Religion

Über 95 % aller Thais bekennen sich zum Buddhismus; wie auch in Kambodscha wird die traditionellere Variante, der Theravada - oder Hinayana-Buddhismus (Kleines Fahrzeug), als Religion befolgt. Im Süden Thailands leben dagegen mehrheitlich Muslime. Die Religionen Christentum, Brahamanismus, Taoismus, Hinduismus sind ebenso in geringem Masse vertreten.
Stark ausgeprägt ist auch wie überall in Asien der animistische Glaube, die Welt der Geister wird von Amuletten, Asketen, Schamanen und Besessenen in Schach gehalten.

Essen und Trinken

Die thailändische Küche zählt zu den schmackhaftesten der Welt. Kochkurse stehen denn auch bei Touristen hoch im Kurs, beliebte Souvenirs sind Zutaten, Kräuter und Chopsticks. Traveller-Food oder deutsche Küche finden sich auch in den Touristen-Ghettos von Bangkok, Pattaya, Patong (Phuket), Chaweng Beach (Koh Samui). In Kambodscha sieht die Sache mittlerweile ähnlich aus, obgleich der große Boom wohl erst noch bevorsteht.
Chilischoten gibt es in vielen Farben und Schärfegraden; diese im Mörser zerrieben und kombiniert

Buddhistischer Straßenschrein

mit Ingwer, Koriander, Knoblauch, Pfeffer, Minze, Bergamot, Zitrone uvm. sind Grundlage für jedes anständige **Thai-Curry** / ***Kaeng-phed*** (hat nichts mit dem uns bekannten indischen Curry zu tun!). Diese Gewürzmischung wird mit Kokosnussmilch, Gemüse und Fleisch/Fisch angereichert und „hot" (scharf) oder „very hot" (brandgefährlich) serviert. Die Speisekarten sind meist bereits in Englisch abgefasst, ein paar Worte Thai sollte man aber doch kennen:

- **Tom Yam** - mäßig scharfes Süppchen mit Fleisch- oder Fischeinlage und Gemüse, wird mit viel Reis zu den Hauptgerichten gelöffelt.

Tom Yam

- **Gai Yang** - herzhafte Delikatesse aus gegrilltem Hühnerfleisch, dazu eine süßsaure Sauce aus Knoblauch, Essig, Chili, Sirup, Koriander.
- **Khao phad** - gebratener Reis mit Gemüse und Fleischeinlage.
- **Bah-mee phad raad-na** - gebratenene Nudeln mit Gemüse.
- **Kai phad hed** - gebratenes Huhn mit Pilzen und Gemüse.
- **Kai phad priao-waan** - gebratenes Huhn in süßsaurer Sauce.
- **Phad chap-shaai** - Chop-suey, mäßig scharf.
- **Koung phad si-iew** - gebratene Krabben in roter Sauce.
- **Koung phad krathiam phrik-thai** - gebratene Krabben in Knoblauch und Pfeffer.
- **Pla-kaphong narm-daeng** - gebratener Roter Schnapper in brauner Sauce.
- **Moo tha krathiam phrik-thai thawd** - gebratenes Schweinefleisch in Knoblauch und Pfeffer.

Softdrinks wie **7UP**, **Coke** oder **Sprite** kosten oft nur 10 bis 15 Bt. in den einfachen Restaurants, in Kambodscha wird meist ebenfalls in Thai-Baht oder in US-$ gezahlt. **Milchshakes**, **Fruchtsäfte**, **Bier** und **Nescafé** sind überall erhältlich. Der **Mekong-Whisky** ist auch in Kambodscha sehr gebräuchlich, schmeckt hier aber wesentlich mundiger. Oft wird noch in den Bars akzeptiert, dass Gäste ihren eigenen Whisky mitbringen und lediglich Softdrinks und Eis bestellen.

Tourismus

- www.tourismusthailand.org, offizielle Website mit Hotelverzeichnis.
- www.thebackpackersjoint.com, Reiselogbuch und Erfahrungsaustausch.
- www.thailand-reisetipps.de/forum/index.php, Forum zur Reisevorbereitung, viele Tipps zu Unterkünften und Ausflügen.
- www.online.com.kh, Internetzugänge in Kambodscha.
- www.talesofasia.com, aktuelle Tipps und Reiseinfos für die Mekongregion.
- www.khmer440.com, jede Menge nützlicher Adressen für Kambodscha.
- www.cambodiaonline.net, gute Touristeninformation und Auskünfte über Kambodscha.
- www.cambodia.org, weiterführende Links und Adressen.

Dämmerung vor Koh Chang

REISEROUTEN

Östliche Gopura des Ta Som Tempels // Angkor Wat (ca. 1190 n. Chr.)

REISEROUTEN

A Christmas Robbery

Deprimiert wachte ich am Weihnachtstag auf. Es war das letzte Fest im alten Jahrtausend und das erste Mal, dass ich es nicht zuhause verbrachte. In Thailand wurde ich Opfer eines Raubes. Professionelle Diebe mischen sich in Bangkok häufig unter Touristen und schlagen im entscheidenden Augenblick zu. Mein Fehler: Auf der belebten Khao San Road trank ich mit einigen jungen Thais ein paar Biere. Jemand wollte sich eins mit mir teilen und ich willigte ein - man will ja nicht unhöflich sein. Ohne zu bemerken, dass die Flasche in der Zwischenzeit mit K.O.-Tropfen angereichert worden war.

Ich hatte schon mal davon gehört, aber niemals hätte ich gedacht, dass MIR so etwas passieren könnte. Ich erinnere noch, wie gegen Abend ein schwacher Windhauch die Tageshitze ablöste, wie ich mir ein Hemd überzog, als auch schon die glutrote Abendsonne aus dem Bewußtsein meiner Wahrnehmung zu verschwinden drohte. Als ich Momente später wieder zu mir kam, fand ich mich unweit der Bar auf dem Rücken liegend. Rucksack und Brieftasche waren weg. Niemand war zu sehen, der eilig davon rannte. Niemand, der verdächtig meine Sachen unter seiner Kleidung verbarg. Niemand, der einen Rucksack wie einen Fußball in das geöffnete Fenster eines herannahenden Fahrzeuges kickte. Meine Sachen waren wie vom Erdboden verschluckt. Ein einziger unaufmerksamer Moment, und alles war weg: Die Kontokarte, die Arbeitserlaubnis für Korea, meine Weihnachtsgeschenke und bis auf einen kleinen Rest mein gesamtes Bargeld. Deprimiert machte ich Inventur. Einige Klamotten, Bücher und Waschzeug waren mir verblieben. Wären da nicht Gerüchte über Zimmerdiebstähle umgegangen, ich hätte den Rucksack im Hotel gelassen. Aber ich hatte noch meinen Reisepass sowie 5 US $ Kleingeld, immerhin. Die Hälfte des Geldes ging bereits für den Anruf bei meiner Familie in den USA drauf. Natürlich erwähnte ich nichts von meinem Ungemach und wünschte ihnen ein frohes Weihnachtsfest. Es war schon seltsam: Ein warmer Morgen im buddhistischen Thailand, die entfernte und von der schlechten Telefonverbindung verfremdete Stimme meiner Mutter aus der verschneiten Heimat, dazu in Thai gesungene christliche Weihnachtslieder. Kein Weihnachtsfest im Sinne des Erfinders.

Ich begann meine Spuren zurück zu verfolgen und hoffte, dass ich irgendwo meinen Rucksack wieder finden würde. Vieleicht leer, aber mit einer nicht entdeckten Kontokarte darin. Aber das war nur ein Traum, mit Sicherheit waren meine Sachen bereits weiter verkauft worden. Im besten Falle würde mein Personalausweis seine Wiederauferstehung feiern, nachdem ich bereits lange das Land verlassen hatte. Der Besuch bei der Polizei erwies sich als unfruchtbar. Die Augen des Gesetzes waren nur halb geöffnet, und meine Alkoholfahne vom Vorabend erhöhte auch nicht gerade den Arbeitseifer. Ich fühlte mich schlecht. Schließlich ging ich zu einem Inder, um mir für kleines Geld die Zukunft weissagen zu lassen. Er sagte mir, dass ich ein glücklicher Mensch sei. Als ich ihm erzählte, was mir widerfahren war bekam ich zur Antwort, dass Westler nicht in der Lage seien zwischen Glück und Pech zu unterscheiden. Die Bewertung liege in der jeweiligen Situation. Ist es z. B. nun Glück oder Pech, wenn man sein Auto zu Schrott fährt, aber keine Schramme davonträgt? Hat jemand Glück, wenn er im Lotto gewinnt und Neid ihm Freunde und Familie nimmt? Es gibt in den westlichen Sprachen kein Wort für die Kombination von Glück und Unglück. Der Inder war ein Sikh in voller Montur, Turban und Schwertbehang inklusive. Zu meinem Erstaunen sagte er mir die baldige Ankunft meiner Freundin voraus, obwohl ich nicht darüber gesprochen hatte. Auch konnte er meine ärmliche Herkunft sehen und sagte mir, dass ich deswegen Vorteile beim Reisen hätte. Plötzlich fragte er mich nach Geld für ein Waisenhaus. Er hatte sogar eine Broschüre mit Fotos dabei, in der weiter hinten aber auch nackte Prostituierte abgebildet waren. Die Vermittlung dieser Damen war ein kleiner Nebenverdienst falls das Geschäft mit der Wahrsagerei mal nicht so läuft, unabhängig von der Qualität der Prophezeiungen. Natürlich. Schließlich müssen alle irgendwie über die Runden kommen. Ich scherzte schließlich, daß die Rechnung in Karma beglichen werden könnte, aber mein Inder hatte fünf Kinder zu ernähren. Zu guter Letzt gab ich ihm gar nichts und er bestand lediglich darauf, dass ich einsah ein glücklicher Mensch zu sein. Nun hatte ich schon bessere Laune und immerhin noch etwa drei Dollar. Ich entschied mich für ein billiges Bett und eine letzte Mahlzeit. Der Raum hatte kein Bad und auch kein Schloß. Ich ging aufs Gemeinschaftsklo, um erst einmal das allerletzte Essen wieder auszukotzen. Später fand ich einen Werbeflyer für einen Gratisdrink, wenn man im Reisepass die Endnummer vier hat. Ich hatte die vier. Die Bar war leer bis auf einen hier lebenden Engländer. Ich konnte mich nett unterhalten und bekam sogar noch einige Drinks von ihm spendiert. Auch die thailändische Barfrau gab noch den einen oder den anderen Drink aus. Dazu gab es Obstsalat auf Kosten des Hauses. Ich bekam Infos über günstige Orte in Bangkok und erfuhr, wie man für weniger als einen Dollar den ganzen Tag Taxi fahren kann.

Ich machte mich auf zum Fluss. Auf dem Weg lag ein Buchhändler und ich verkaufte zwei Reiseführer, für die ich vier Dollar und einen veralteten Indienführer erhielt. Das Buch sollte dann sechs Monate später mein Leben verändern. Ohne Thailand-Reiseführer wusste ich aber nun nicht so recht, wohin ich meine Schritte lenken sollte und nutzte für ein paar Cent das Flusstaxi. Wahllos machte ich Stops, mal auf der einen Seite, mal auf der anderen Seite. Ich sah ein Chinesenviertel, kaufte gebackene Bananen und alte Münzen für meinen Bruder. Ich besuchte den Wat Poo mit seinen goldenen Pagoden und dem berühmten liegenden Buddha. Später gönnte ich mir eine scharfe Kokosnusssuppe. Ich war recht froh. Als ich ziellos weiter wanderte, da stieß ich auf eine Menschenansammlung. Als die Parade vorüberfuhr winkte ich mit den anderen - ohne zu ahnen, dass dort gerade seine Majestät, der König von Thailand, meinen Weg gekreuzt hatte.

Dann nahm ich eines dieser dreirädrigen Tuk-Tuks. Der Fahrpreis ist niedrig, dafür veranstalten die Kutscher mit ihren Fahrgästen Einkaufstouren und erhalten als Provision Benzingutscheine. Aber als Weihnachtsangebot sollte es heute gar nichts kosten! So genoss ich die Stadtrundfahrt und hatte für Verkaufsstrategen und Händler nur ein leeres Portemonnae übrig. Mein Fahrer hielt Wort, die Fahrt war wirklich kostenlos, aber er bat mich um einen Gefallen. Ich sollte zwei Studentinnen gratis Englischunterricht geben und wir schlabberten wenig später Eistee zusammen. Ich saß bei den Schönen und es war wie ein Geschenk, als die glutrote Abendsonne im glitzernden Fluss versank. Zurück im Hotel verkaufte ich ein Hemd und bezahlte damit Bier und Snack. Zum Essen liefen zwei Filme, die üblichen Raubkopien. Eine Gruppe Traveller fiel ein und man bezahlte mir einige Biere. Wir tranken und tanzten zu üblen Thaipop-Weihnachtsliedern. Friedlich und voller Dank klang dieses Weihnachtsfest aus.

Am Morgen danach wachte ich voller Zweifel auf. War der gestrige Tag nur das Ergebnis solidarischer Thai-Hilfe zum Weihnachtsfest gewesen? Warum hatte ich mich nicht besser auf derartige Situationen vorbereitet? Warum hatte ich mir keine Reiseschecks besorgt, warum die Kohle nicht in einer Geheimtasche versteckt? Hinterher weiß man es immer besser! Im Rückblick wurde das Ausmass meines Fehlers immer deutlicher. Ich hatte kein Geld mehr für eine Übernachtung, würde am Flughafen schlafen müssen. Und was noch schlimmer war, auch die Quittung über die Flughafensteuer fehlte. Ich machte mir ernsthaft Sorgen, wie ich nach Korea zurückkehren könnte. Eine Möglichkeit wäre zu fasten, die restlichen Klamotten zu verhökern und darauf hoffen, dass mir die fehlenden zehn Dollar erlassen würden. Dem Hotelbetreiber verscheuerte ich schweren Herzens ein T-Shirt, das mir meine Schwester einst aus Hawaii mitgebracht hatte. Ebenso den alten Rasierer, ein Erbstück meines Vaters. Während ich noch mit dem Thai über mein weiteres Schicksal feilschte, kam ein tschechisches Ehepaar hinzu. Der Mann wollte den Rasierer kaufen, aber es war bereits zu spät. Er wollte wissen, wieviel mir für Bus und Taxi fehlte und ich nannte ihm die Summe von fünf Dollar. Er ließ sich nicht davon abbringen mir zehn Dollar

zuzustecken, obwohl Tschechien kein reiches Land ist.
Meinen Wecker hatte ich bereits verkauft, also beschloss ich bereits am Vorabend zum Flughafen zu fahren. Um diesen letzten Tag herumzukriegen suchte ich die ärmlichste Gegend Bangkoks auf. Große Familien lebten hier in rostigen Wellblechhütten. Eine solche Armut hatte ich mit eigenen Augen noch nicht gesehen, obwohl auch ich bereits mehrfach in den Staaten obdachlos gewesen war. Ich besuchte einen unscheinbaren buddhistischen Tempel und kam nicht umhin, alles was ich noch besaß an einen Zaum zu hängen, so dass es später von Nachbarn entdeckt werden möge. Nun hatte ich nichts mehr als meine eigenen Kleider auf dem Leibe, die Münzen für meinen Bruder und fünf Dollar.
Auf dem Rückweg traf ich dann Einheimische, die mir eine Ananas schenkten. Ich ging gerade im richtigen Augenblick vorüber. Ich trat in ein Musikgeschäft, lauschte einigen Thaipopsongs und bedauerte, dass ich vor dem Überfall keine Musikkassetten gekauft hatte. Es gibt einen Haufen kopierten Westschrott auf der Khao San Road, aber Thaipop ist recht schwer aufzutreiben. Als DJ hatte ich in den Staaten mal etwas von \`Carabao´ gehört. Als ich den Namen im Laden nannte, da waren die Verkäufer hellauf begeistert und luden mich zu Tee und Orangen ein. Sie verkauften mir zwei Bänder zum Familienpreis und ich musste versprechen, dass sie allen meinen Westfreunden vorgespielt werden.
Ein Minibus brachte mich schließlich zum Flughafen. In Korea angekommen lieh mir prompt ein Uniformierter Geld, um mit der U-Bahn zu meiner Bankfiliale ins Stadtzentrum von Seoul zu fahren. Der Mann war ebenfalls vor kurzer Zeit in Thailand Opfer eines Taschendiebstahls geworden und freute sich nun riesig mir helfen zu können. Bei der Bank dann Sprachschwierigkeiten, ich rufe einen meiner Schüler an, um mir zu übersetzen. Doch technische Probleme verhindern eine Auszahlung, die Taschen bleiben leer. Und doch: Der Bankangestellte bietet mir, einem völlig Fremden, 50 Dollar Hilfe an. Der indische Wahrsager hatte völlig recht gehabt: Die Westler verstehen nichts vom Glück!

Ken May, \`Road Rash´
Übersetzung: M. C. Schall

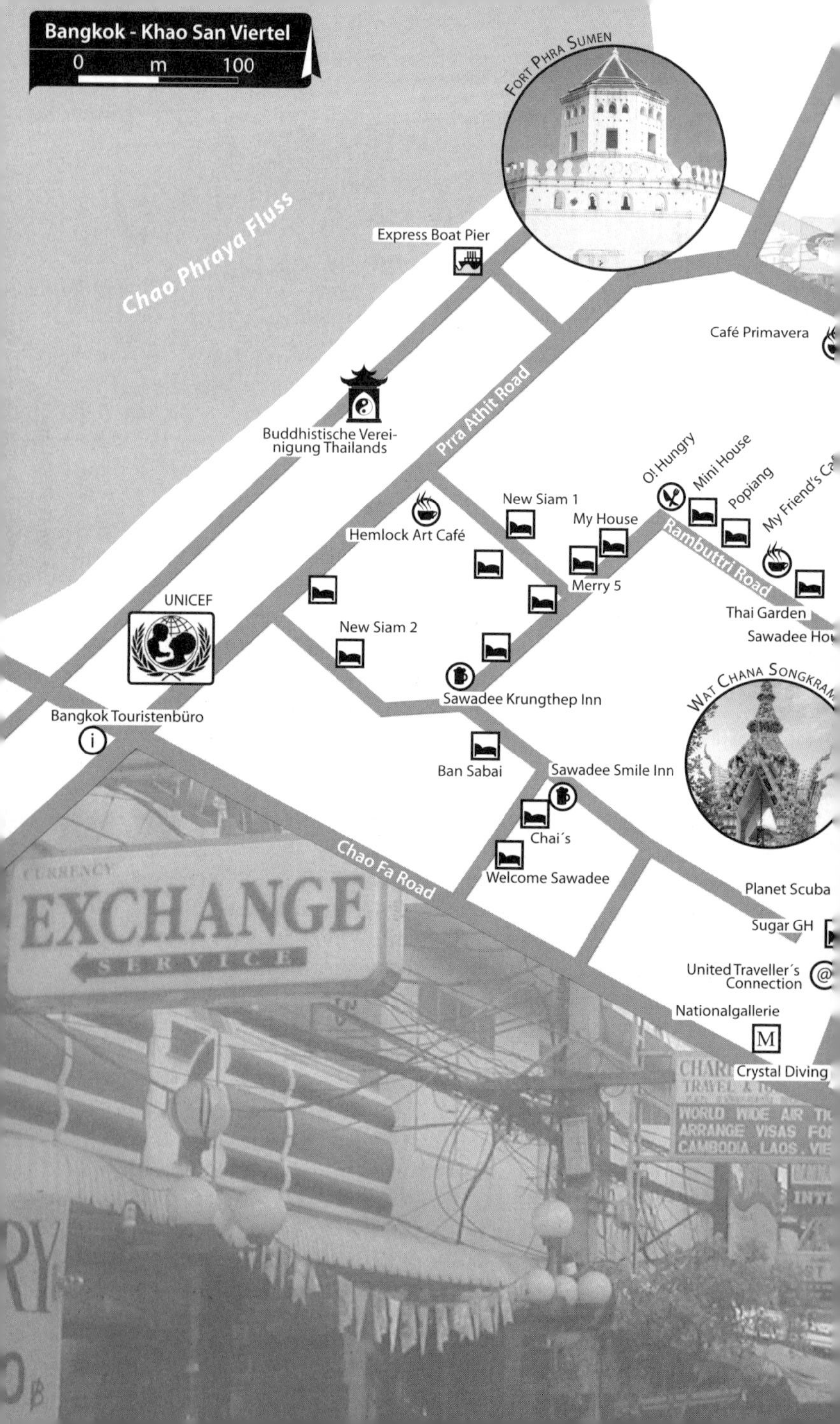
Bangkok - Khao San Viertel
0 m 100
Fort Phra Sumen
Chao Phraya Fluss
Express Boat Pier
Café Primavera
Buddhistische Vereinigung Thailands
Prra Athit Road
O! Hungry
Mini House
Popiang
My Friend's Ca
New Siam 1
My House
Hemlock Art Café
Rambuttri Road
Merry 5
Thai Garden
Sawadee Hou
UNICEF
New Siam 2
Sawadee Krungthep Inn
Wat Chana Songkram
Bangkok Touristenbüro
Ban Sabai
Sawadee Smile Inn
Chai´s
Welcome Sawadee
Chao Fa Road
Planet Scuba
Sugar GH
United Traveller´s Connection
Nationalgallerie
Crystal Diving
CURRENCY EXCHANGE SERVICE
WORLD WIDE AIR TI
ARRANGE VISAS FO
CAMBODIA. LAOS. VIE

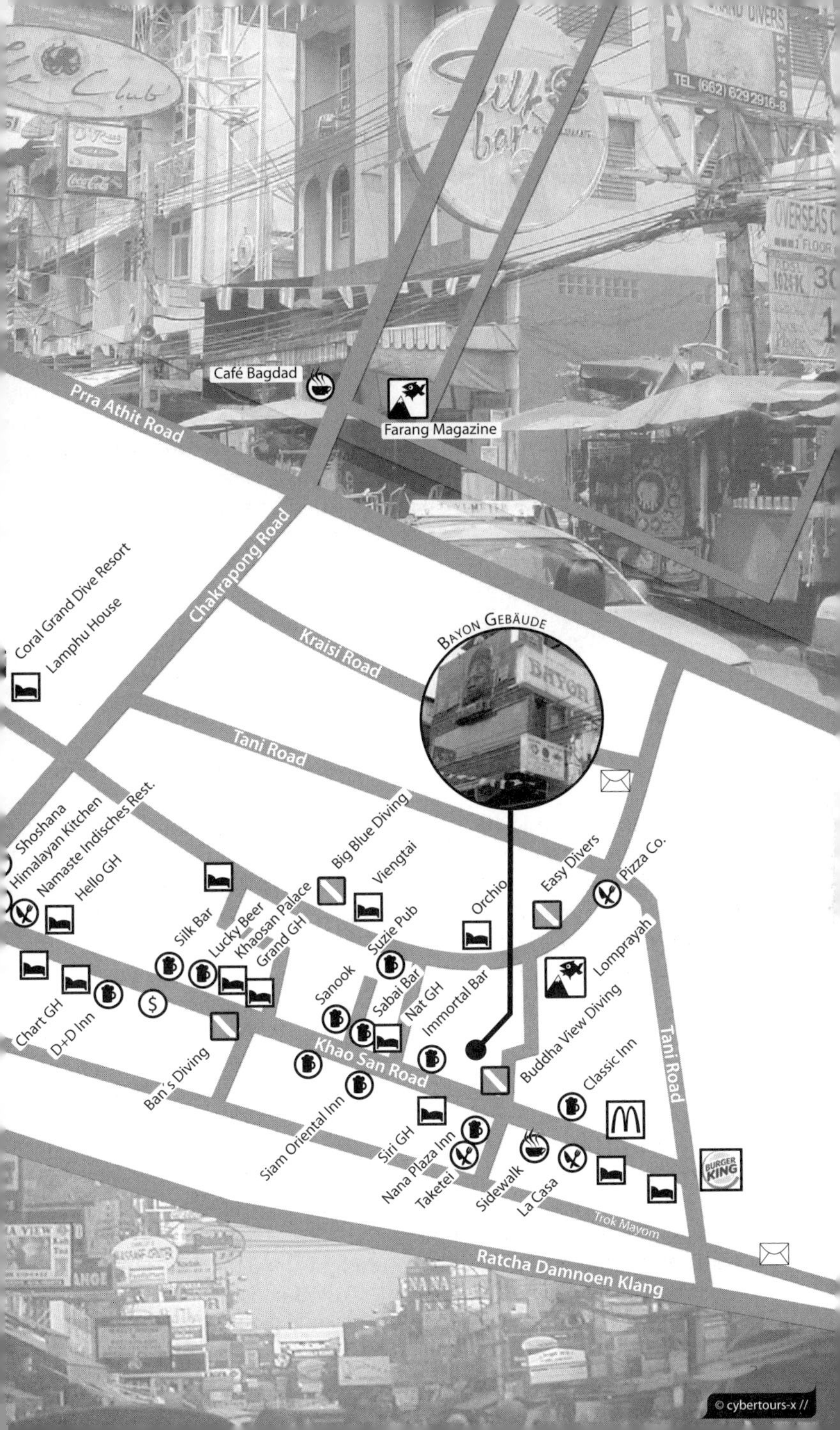

Café Bagdad
Farang Magazine
Prra Athit Road
Chakrapong Road
Coral Grand Dive Resort
Lamphu House
Kraisi Road
Bayon Gebäude
Tani Road
Shoshana
Himalayan Kitchen
Namaste Indisches Rest.
Hello GH
Big Blue Diving
Viengtai
Easy Divers
Pizza Co.
Orchio
Silk Bar
Lucky Beer
Khaosan Palace
Grand GH
Suzie Pub
Lomprayah
Chart GH
D+D Inn
Sanook
Sabai Bar
Nat GH
Immortal Bar
Buddha View Diving
Classic Inn
Ban's Diving
Khao San Road
Siam Oriental Inn
Siri GH
Nana Plaza Inn
Taketei
Sidewalk
La Casa
Tani Road
Trok Mayom
Ratcha Damnoen Klang
© cybertours-x //

REISEROUTEN

Bangkok

Thailands Hauptstadt (6 Millionen Einwohner) ist eine moderne Metropole und zumeist das Tor für Besucher aus Übersee. Bangkok bietet eine perfekte Infrastruktur und zahlreiche Sehenswürdigkeiten. Globetrotter und Sporttaucher können in der Stadt für kleines Geld Ausrüstungsgegenstände ergänzen (T-Shirts, Badehosen, Flossen, Rucksäcke, Taschen & Beutel etc.), die Weiterreise zu den Stränden organisieren und entspannt westlichen Komfort genießen.

- www.bangkoksite.com
- www.thailand-ticket.de
- www.e-guidethailand.com
- www.bangkokservices.com

Unterkunft

Am Flughafen von Bangkok findet sich eine gut ausgestattete Touristeninformation mit vielen Info´s und Stadtplänen, wo man auch sofort eine passende Unterkunft buchen kann. Adressen von Hotels auch unter www.yourrooms.com. Tipp: www.khaosanroad.com

- **Prakorb´s House**, 52 Khao San Rd., Tel. 02 - 281 - 1345, Fax: 02 - 629 - 0714, schlichte Unterkünfte ab 120 Bt., kann laut werden.
- **Hotel Baan Sabai**, 12 Soi Rongmai, Khao San Area (Banglamphu), in der ruhigeren Schleife zum Chao Phaya River gelegen, Tel. (66) 0 - 2629 - 1599, Fax: (66) 0 - 2629 - 1595, eMail: baansabai@hotmail.com, beliebtes Guesthouse mit schlichten Zimmern ab 170 Bt..
- **Mini House**, 5 Soi Rambuttee, Chakapong Rd., Khao San Area, Tel. 02 - 280 - 7560, saubere Herberge in traditioneller Holzbauweise, viele Traveller, Dusche & Toiletten im Flur, gratis Kaffeee & Tee, EZ ab 150 Bt., DZ ab 200 Bt., nettes Management, häufig auch Franzosen zur Aushilfe, Besuch wird toleriert.
- **Lamphu House**, Rambutri Road (Soi Rambuttee), Khao San Area, Tel. 662 - 629 - 5861 - 3, Fax: 662 - 629 - 5864, Fan & AC, heiße Dusche, Neubau, EZ 150 Bt. - 190 Bt..
- **Sawasdee Bangkok Inn**, Hotelkette in der Khao San Area, Tel. 0 - 2629 - 2320, www.sawasdee-hotels.com, AC, Minibar, heiße Dusche, TV, 190 Bt. - 650 Bt., u. a. direkt am Airport Bus-Stop Chakrapong Road Ecke Khao San Road.
- **Kawin Place**, 86 Khao San Road, Tel. 02 - 281 - 7512, Fax: 02 - 281 - 4708, eMail: kawinplace@yahoo.com, saubere EZ ab 250 Bt..
- **Donna Guesthouse**, 75 Ratchadamnern Ave., gleich bei Burger King / Khao San Rd. um die Ecke, Tel. 0 - 2281 - 9374, eMail: donnaguesthouse@hotmail.com, sauber, Zimmer mit Fan ab 250 Bt., mit AC ab 300 Bt..
- **Suk 11**, Soi 11, Sukhumvit Rd., Tel. 02 - 253 - 5927, www.suk11.com, Budget-Unterkunft, auch Schlafsaal, 250 Bt. bis 500 Bt..
- **Rambuttri Village Inn**, 95 Soi

Floating Market // Bangkok Umgebung △

Nächste Doppelseite: ⊳⊳
Goldener Buddha im Wat Pho // Bangkok

Goldene Wächterfiguren im königlichen Palast // Bangkok ▽

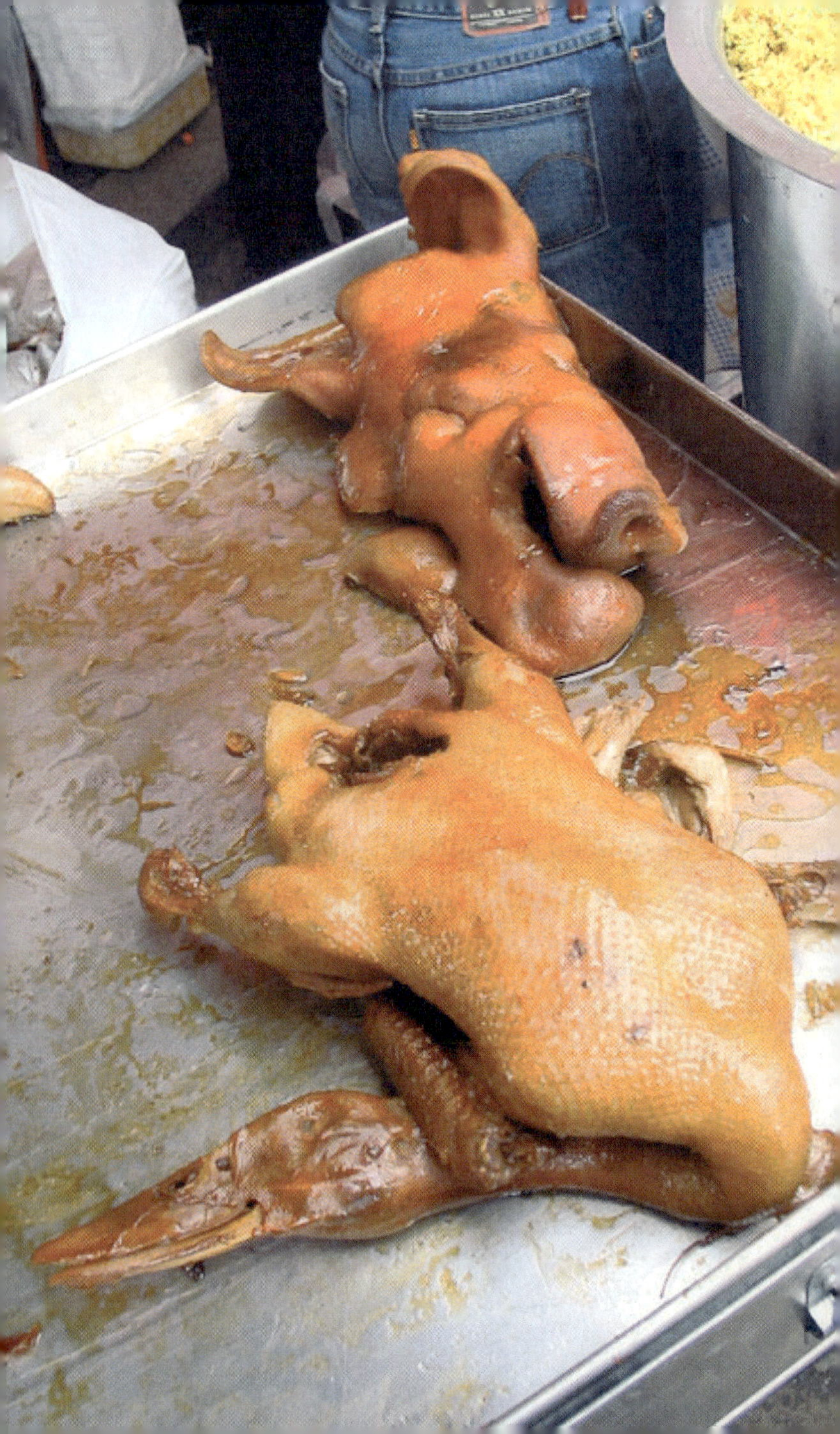

Typisches Thaigericht // Tom Yam △

Vorherige Doppelseite: Fischerboot vor Pattaya ⇈

Links: Gans und Schweinekopf ⋘

Gewürze vom Floating Market ◁

Exotisches Fast-Food ▽

△ *Papageifische // Koh Doc Mai*

▷ *Ang Thong Marinepark*

▽ *Koh Samui*

Rambuttri, Khao San Area, Tel. 02 - 282 - 9162 - 3, moderne Pärchenhöhle wie auf Mallorca, ab 290 Bt., AC, Shopping Plaza, Pool, TV, Internet, Reinigung.

■ **Shambara Boutique Hostel & Restaurant**, 138 Khao San Road, Tel. 02 - 282 79 68, www.shambarabangkok.com, erst 2004 neu eröffnet, freundliches Management, sauber und ruhig, Reservierung sinnvoll, nettes Café, EZ 250 Bt., DZ 400 Bt., mit AC 100 Bt. Aufschlag.

■ **Khao San Palace Inn**, 139 Khao San Road, Tel. 02 - 282 - 0578, AC, heiße Dusche, saubere Zimmer mit Bad, TV, Pool, Neubau, EZ ab 280 Bt..

■ **D & D Inn**, 68 - 70 Khao San Rd., Tel. 02 - 629 - 0526 - 8, Fax: 02 - 629 - 0529, eMail: ddinn@khaosanby.com, www.khaosanby.com, 450 - 1.350 Bt., Frühstück inkl., Pool, Kochkurse, Thai Massage, Sonnenterrasse, Schönheitssalon, 24 h Security.

■ **White Orchid Inn**, 21/7 Soi Nanatai, 4 Sukhumvit Rd., Tel. 02 - 656 - 4670 - 2, Fax: 02 - 656 - 4670 - 2, eMail: White_Orchidsoi4@hotmail.com, orchid_inn@hotmail.com, renovierte Räume, sauber, AC, TV, Minibar, EZ ab 490 Bt., DZ ab 690 Bt..

■ **Sam´s Lodge**, 28 - 28/1 Sukhumvit Rd., Soi 19 (Soi Wattana), Asoke Station mit dem Sky Train, Tel. 02 - 253 - 2993, Fax: 02 - 255 - 4518, eMail: stay@samslodge.com, www.samslodge.com, saubere Zimmer mit Dachterrasse ab 20 US $.

■ **D. I. Mansion**, gegenüber vom Rahja Hotel, Soi 4, Sukhumvit Rd., Tel. 07 - 004 - 3975, beliebtes Stundenhotel, „Shorttimer" Tarife ab 280 Bt., Ermäßigung für monatliches Einmieten.

■ **Bangkok Sahara Hotel**, 21 - 21/11 North Nana, Soi 5, Sukhumvit Rd., Tel. 02 - 254 - 7790 - 2, Fax: 02 - 254 - 5045, eMail: admin@bangkoksahara.com, www.bangkoksahara.com, gepflegtes Haus, alle Zimmer mit Teppich, heißes Wasser, TV, AC, Coffee Shop, EZ ab 1.300 Bt., Frühstück ab 130 Bt..

■ **Big John Guesthouse**, 55 Sukhumvit Road, Soi 9, Bangkok, Tel. 02 - 712 9712, www.bigjohnsworld.com, gute Verkehrsanbindungen, abseits der Khao San Road beliebte Budget-Unterkunft mit sauberen und neuen Räumlichkeiten, Schlafsaal 175 Bt., EZ 410 Bt., DZ 510 Bt., Dreibettzimmer 610 Bt..

Essen und Trinken

Nan aus Pai gibt´s vor dem Lamphu House, leckere Fladen ab 30 Bt., mit Curry Chicken 55 Bt., auf der Speisekarte steht: „A little girl with her dishes from the Highland". In der Khao San Road reihen sich die Restaurants mit Travellerfood und faden Thaigerichten dicht aneinander, ebenso McDonald´s und preiswerte Garküchen am Abend. Wer seinen Gaumen kitzeln möchte, der sollte das Ghetto verlassen: Tipps & Restaurantadressen stehen auch täglich in der „Bangkok Post" oder in dem Magazin „Farang". Zeitschriften und Magazine liegen in den Supermarktketten von „Seven11" aus.

■ **Patara**, 2 Sathorn 11, South Sathorn Rd., Tel. 02 - 212 - 6420 - 1, www.patarathailand.com, Kreditkarte akzeptiert, Gerichte 160 - 380 Bt., erstklassige Thaiküche und Lamm aus Neuseeland.

■ **Blue Elephant**, 233 Sathorn Rd., Tel. 02 - 673 - 9353, www.blueelephant.com, Visakarte ok, auch Kochschule, Gerichte 180 - 480 Bt., kolonialer Holzstil, entspannte Atmosphäre, vorzügliche Thaiküche.

Party

Die goldenen Zeiten der berühmten ***Patpong Road*** sind wohl vorbei, heute gilt die ***Soi Cowboy*** (Sukhumvit Road) als Magnet für Rotlichtfreunde. In den vielen Seitenstraßen der ***Sukhumvit Road*** hat sich ebenfalls ein beachtliches Nachtleben etabliert. Nach Mitternacht folgt dann bald die Sperrstunde und clevere Betreiber von Garküchen schenken das Bier in diskreten Plastikbechern aus.

Tipp: www.bangkoktonight.com

■ **Cheap Charlie´s**, Soi 11, Sukhumvit Rd., Sky Train Nana, eine Bonanza für Budget-Trinker, an den wackligen Holztischen glühen verwegene Schluckspechte vor.

■ **Q Bar Bangkok**, Soi 11, 34 Sukhumvit Rd., Tel. 02 - 252 - 3274, www.qbarbangkok.com, wechselnde DJs & Livemusik, angesagter Club. 500 Bt. Eintritt, zwei Drinks inklusive.

■ **Tokyo Joe´s**, 9 - 11 Sivaporn Plaza, Soi 24, Sukhumvit Rd., Tel. 02 - 661 - 0359, www.tokyojoesbkk.com, täglich wechselnde Livemusik und am Monatsende immer fette Parties.

Das **Songkran Festival** *ist das thailändische Sylvesterfest vom 13. bis 15. April, wenn die Hitze am größten ist. Bei diesem kollektiven Besäufnis werden Eimer mit Wasser über Passanten gegossen oder mit Wasserpistolen heiße Gefechte nicht nur unter Thais ausgetragen. Manch zugeknöpfter Traveller in der Khao San Road sieht sich dann von drei oder vier entfesselten Thai-Kindern umstellt und in die Mündung deren großkalibriger Wasserkanonen blicken. Alle gegen alle! Bei dieser feuchten Gaudi gibt es leider jedes Jahr auch immer wieder mehrere hundert Tote, wenn „Sanuk" (Spaß) über Vernunft siegt und betäubte Thais mit drei Promille noch ins Auto steigen.*

Was noch

■ **Internet**, United Traveller´s Connection, Chakrapong Road, israelisches Management, halbe Stunde Internet gratis, auch Bustickets, Gepäckaufbewahrung und kostenloser Tausch von Reiseführern. Im EG Restaurant und Spieleecke, immer gut gefüllt.

■ **Banken** finden sich an jeder Ecke, auch mit Geldautomaten (ATM). In der Khao San Road schließen die Geldwechsler am Abend um

21:00 h ihre Tore. Wer dann noch Geld braucht oder später ankommt muss die schlechten Kursen in den Guesthouses akzeptieren.

■ **Sugar Guesthouse**, 45 Chakrapong Road, Tel. 02 - 629 - 3902, günstige Unterkunft ab 120 Bt., Internet, Visa-Service und günstige Bustickets. Die Fahrt nach Siem Reap (Angkor Wat), Kambodscha, kostet hier rund 250 Bt., Abfahrt morgens um 7:00 h, Ankunft ca. 20:00 h bis 21:00 h.

■ **Welcome Travel**, 68 Khao San Road, Tel. 02 - 6290140 - 3, eMail: welcome@samart.co.th, Flugtickets.

■ **Bangkok Journey Ltd.**, Soi 7, Sukhumvit Rd., Tel. 02 - 6556620, Fax: 02 - 2537876, eMail: bj@bangkokjourney.com, www.bangkokjourney.com, gleich beim Sky Train / Nana Station.

■ **Bookazine**, 87 Sukhumvit Rd., Soi 5, Tel. 655 - 2383 - 4, Fax: 655 - 2384, eMail: sukumvit@distri-thai.com, gut sortierter Buchladen, auch deutsche Magazine und der „Asian Diver" erhältlich.

■ **Asia Books**, 221 Sukhumvit Rd., zwischen Soi 15 und 17, Tel. 02 - 651 0428 - 9, Fax: 02 - 251 - 6042, www.asiabooks.com, erstklassiges Sortiment über mehrere Etagen, auch der berühmte „Barguide" ist hier erhältlich, s. auch www.bangkokbooks.com.

■ **Suan-Lum Night Bazaar**, Nachtmarkt für Shopper an der Lumphini Subway Station, Tel. 02 - 252 - 9690 - 3, www.thainightbazaar.com, 15:00 h bis Mitternacht. Weitere Shopping-Meilen finden sich in der Silom Road, Sukhumvit Road, Patpong Road, Chatuchak Weekend Market oder Khao San Road.

■ **AVIS Rent a Car**, Tel. 02 - 251 - 1131 - 2, www.avis.co.th, Leihwagen in bewährter Qualität.

■ **Dental Center**, Zahnarzt & Zahnkosmetik, Chareonakom Rd., Tel. 02 - 877 - 7490 - 1, Fax: 02 - 460 - 2259, www.dentistdentalcenter.com. Das Bangkok General Hospital, 2 Soi Soonvijai, 7 New Petchburi Road, Tel. 310 - 3000, www.bgh.co.th, verfügt auch über eine englischsprachige Notaufnahme.

■ **Baipai Thai Cooking School,** 150/12 Soi Naksuwan, Nonsee Road, Chongnonsee, Tel. 02 - 294 9029, Fax: 02 - 294 9027, eMail: info@baipai.com, www.baipai.com, Kochkurse ab 1400 Bt. pro Nase.

■ **Damnoen Saduak Floating Market**, Touristenattraktion etwa 80 Kilometer westlich von Bangkok, vormittags werden hier täglich in Booten die vielseitigsten Waren angeboten. Neben Royal Palace, Ancient City (www.ancientcity.com) und Jim Thompson Museum (www.jimthompson.com) beliebtester Sightseeing-Spot.

Bangkok - Goldener Buddha

REISEROUTEN

REISEROUTEN

Tauchen

■ **Dive Supply**, 7/2 - 3 Soi Sukhumvit 23, Sukhumvit Road, Tel. 02 - 661 - 6087 - 8, Fax: 02 - 661 - 6089, eMail: dsupplybkk@fareast.net.th, www.divesupply.com, gut sortiertes Tauchequipment, auch UW-Kameras.

■ **Shutter Pro Center**, Tel. 911 - 5264 - 5, Fax: 911 - 587 - 3890, www.shutterprocenter.com, Fachladen für UW-Kameras, auch preiswerte digitale Geräte, mit dem Taxi von der Khao San Road etwa 85 Bt..

■ **World Trade Center Bangkok (Central World Plaza)**, Naniwa International Co. Ltd., III. OG., 4 Rajdamri Rd., Tel. & Fax: 02 - 255 - 9578, gute Auswahl an hochwertigen UW-Kameras. Im IV. Stock findet sich ebenfalls ein gut gerüstetes Sportgeschäft ZEN, wo man Schwimmbrillen und Billabong T-Shirt´s erhält. Eine Etage höher werden Maskenbänder und Tauchzubehör angeboten.

■ **Planet Scuba**, 67 Chakrapong Rd., Khao San Rd. Area, Tel. 02 - 6290 977, Fax: 02 - 6290 - 976, eMail: pskohtao@loxinfo.co.th, www.planet-scuba.net, der Betreiber ist Franzose und kennt die meisten Tauchspots Thailands wie seine Westentasche.

■ **Crystal Dive Center**, Sawadee Khao San Inn, Tel. 02 - 629 - 5357 - 8, Fax: 02 - 629 - 5358, eMail: eagle_fly17@hotmail.com, www.crystaldive.com, PADI 5 Star Resort, Liveaboards, Bus & Bootstickets, Visa-Service, Equipmentverleih, Reisebausteine.

■ **Larry´s Dive**, Soi 22, Sukhumvit Rd., Tel. 02 - 663 - 4563, www.larrys-dive.com, Dive Center & Bar.

■ **Easy Divers**, Khao San Area, Rambuttri Rd., gegenüber der Pizza Company, Tel. 02 - 629 - 1115, Fax: 02 - 629 - 1116, eMail: khaosan@thaidive.com, www.thaidive.com, PADI 5 Star Basis, All-Inclusive Pakete mit Transport zu den Inseln. Regelmässige Touren nach Koh Tao, Koh Nangyuan u. Chumphon.

■ **Samui International Diving School**, Soi 24, Sukhumvit Rd., Terminal Centre, II. OG, Tel. 02 - 261 - 4412 - 3, Fax: 02 - 261 - 4414, eMail: dive@loxinfo.co.th, www.planet-scuba.net

Verkehrsverbindungen

Vom Flughafen gelangt man am preiswertesten mit den **Shuttle-Bussen** in das Stadtzentrum von Bangkok. Verlässt man das Gebäude, dann findet sich auf der linken Seite, an den Taxis vorbei, ein kleiner Schalter mit Wartebänken. Hier werden die Bustickets für 100 Bt. verkauft, die Busse fahren alle 30 Minuten in die Stadt. Nach ***Banglamphu*** (Khao San Area) fährt der Bus A2, Fahrzeit je nach Stau und Verkehrsaufkommen 1 bis 2 Stunden. Bus A2 fährt in die ***Silom Road***, Bus A3 in die ***Sukhumvit Road*** und Bus A 4 zur ***Hua Lamphong Railway Station*** (Chinatown).

Tipp:
www.airportbusthailand.com

Ayuttaya ist gegenüber Bangkok eine etwas ruhigere Alternative für erste Schritte nach dem anstrengenden Flug.

Am **Flughafen** kann man zu fairen Kursen Geld wechseln, auch zu später Stunde. Die Touristeninformation unterhält einen gut bestückten Schalter in der Ankunftshalle, hier kann man sich mit Stadtplänen eindecken oder ein Hotelzimmer reservieren.

■ www.in-bangkok.com/airport.htm

Auf dem Chao Phraya River verkehren mehrere **Expressboote** zwischen Nonthaburi im Norden und Wat Rajsingkorn, Information Tel. 02 - 623 - 6001 - 3, 78/24 - 29 Maharaj Rd., www.chaophrayaboat.com. Fahrpreis zwischen 5 und 15 Bt.. Die neue **Bangkok Subway** und **Sky Train** (www.bts.co.th) verbinden die wichtigen Stadtteile zwischen ***Hua Lamphong Railway Station***, ***Silom Road***, ***Sukhumvit Road***, ***Ekamai*** (Eastern Bus Terminal) und ***Chatuchak Market*** im Norden. Fahrpreis 14 bis 36 Bt.. Banglamphu und Khao San Road sind an das Streckennetz nicht angebunden.

Tipp: Mit dem **Flusstaxi** vom Expressboot Pier (Banglamphu) am Oriental Bangkok Hotel vorbei und gen Süden bis zur Tak Sin Bridge fahren, von dort erreicht man die **Sky Train Station** Saphan Taksin. Von hier sind es dann 3 Stationen bis zur Silom Road, wo man die **Subway** zur Sukhumvit Road oder Hua Lamphong nehmen kann.

Die dreirädrigen **Tuk-Tuk´s** verschwinden immer mehr aus dem Stadtbild Bangkoks. Fahrpreise müssen frei verhandelt werden und sind oft für Touristen überteuert. Wer auf die Folklore verzichten kann, der ist mit den modernen **Taxis** besser bedient. Die Grundgebühr beträgt 35 Bt., nach 3 Kilometern dann zusätzlich 5 Bt. für jeden weiteren Kilometer. **Hinweis:** Auf Einschalten des Taxameters achten! So zahlt man z. B. für die Strecke Khao San Road - Sukhumvit Road rund 65 Bt.. Noch günstiger fährt man mit den **Stadtbussen** ab 3,5 Bt.. Fahrpläne erhält man in vielen Hotels und in den Buchläden, ebenfalls in der Khao San Road. Von Bangkoks **Southern Bus Terminal** fahren täglich Busse in alle südlichen Provinzen, Info-Tel.: 435 1190, 435 1200, 434 5558. Der **Eastern Bus Terminal** ist in der Sukhumvit Road gelegen (Sky Train Station Ekamai), Tel. 392 - 9227, 391-9829, 391 - 2504. Ebenso werden von Touranbietern in der Khao San Road preiswerte **Minibusse** in alle Richtungen des Landes organisiert, eine wirkliche Alternative. Die Bangkok Railway Station (Hua Lamphong) erreicht man unter Tel.-Nr. 223 7010 und 223 7020. Regelmässige Zugverbindungen und Nachtzüge mit Schlafabteilen in den Norden und nach Chumphon, Suratthani, Thung Son, Phatthalung, Hat Yai, Khok Pho, Yala und Sungai Kolok.

Thai Airways fliegt neben vielen anderen Fluggesellschaften täglich nach Suratthani, Phuket, Trang, Hat Yai, Nakhon Si Thammarat oder Narathiwat. Info-Tel.: 1566, 280 0060, 628 2000. **Bangkok Airways** fliegt mehrmals täglich direkt nach Koh Samui, Krabi, Trat und Phuket, Tel.-Nr.: 229 3456. Eine Reservierung ist nicht erforderlich, die Maschinen fliegen fast stündlich und es gibt immer noch genug Plätze. **PB Air** fliegt nach Krabi, Chumphon, Khon Kaen und Chiang Mai. **Angel Air** operiert zwischen Bangkok und Chiang Mai, Chiang Rai, Khon Kaen, Phuket, Udon Thani, Luang Prabang (Laos), Kunming (China) und Singapur. Preiswerte Flüge von Bangkok nach Phuket oder Chiang Mai (ca. 15 €) auch mit der Gesellschaft **Air Asia**, die mit einem Büro am Flughafen vertreten sind. Nach Kambodscha / Phnom Penh fliegt man am günstigsten mit **President Airlines**, die ebenfalls einen Schalter am Flughafen Bangkok haben.

Tipp: http://sawadee.com/thailand/transportation

Bangkok: WTC & Bayoke II - Turm

Phuket & Khao Lak

Phuket gilt als wichtigste touristische Größe Thailands und wird von rund 270.000 Thais und Westlern bewohnt, von denen die meisten in Phuket-Town und ***Patong Beach*** leben. Die größte Insel des Landes wurde von der Flutwelle Weihnachten 2004 erheblich betroffen, auch zahlreiche Todesopfer waren zu beklagen. Im Gegensatz zu Khao Lak sind sichtbare Schäden aber soweit schon wieder behoben, so dass die neue Saison ohne Schwierigkeiten anlaufen kann. In ***Khao Lak*** hingegen sind noch deutliche Verwüstungsspuren zu sehen, der Ort ist wohl vorerst auch weiterhin lediglich als Ausgangspunkt für mehrtägige Tauchsafaris zu den ***Similan Islands*** o. ä. zu empfehlen. Nach der Katastrophe wurde nun ein modernes **Tsunami-Frühwarnsystem** eingerichtet, um künftige Desaster zu vermeiden. Für Taucher und Schnorchler ist die Region bedeutender Ausgangspunkt, um die vielen erstklassigen Tauchspots der Andamanensee zu erreichen.

Ao Chalong ist Phukets größte Bucht, rund 11 Kilometer von Phuket-Town entfernt, und dient auch vielen Fahrtenseglern aus aller Welt als Ankergrund. Man kann Boote mieten, um die kleinen Inseln vor der Küste zu erkunden. Der **Phuket Yacht Club** ist gleich bei der Sen Bay (Ao Sen) gelegen, im Dezember wird hier die **King´s Cup Regatta** veranstaltet. ***Rawai Beach*** und ***Nai Han Beach*** gelten als schöne Badestrände ohne viel Trubel. An Phukets Westküste liegen die meisten touristischen Strände mit perfekter Infrastruktur. Von Juni bis November, in der Regenzeit, kann die See rau werden. Am ***Kata Beach*** wurden sogar schon Surfer gesichtet, die sich dann hier im Wellenreiten versuchen.

- www.phuket-online.de
- www.phuket-maps.com
- www.trv.net
- www.patong-inn.com

Unterkunft

Adressen und Hotellisten finden sich im Netz auch unter www.passionasia.com (Zimmer ab 16 €) oder http://phuket.sawadee.com.

- **Thalang Guesthouse**, 37 Thalang Road, Phuket-Town, Tel. 076 - 214 225, Fax: 076 - 215 892, www.thalangguesthouse.com, EZ ab 280 Bt., DZ ab 300 Bt., empfehlenswerte Budget-Unterkunft, saubere Räumlichkeiten und nette Crew. Eine wirkliche Alternative zum legendären On-On Hotel, 19 Phang Nga Road, Tel. 076 - 211 154 („On on - not down down...“), welches auch schon mal als Stundenhotel fungierte (Zimmer ab 150 Bt.).
- **International Youth Hostel**, Chalong Bay, Tel. 076 - 281 325, Schlafsaal und Zimmer von 180 Bt. bis 450 Bt.. Alternativ Unterkunft in der Shanti Lodge (Tel. 076 - 280 233, ab 350 Bt.).
- **Chez Sabine Guesthouse**, Kamala Beach, 86/11 Moo 3, Tel. 076 - 279 544, die Anlage wurde vom Tsunami verschont, komplettes Haus ab 2000 Bt. pro Tag zu mieten, saubere DZ mit AC und Privatbad ab 450 Bt. (Nebensaison), sonst 800 Bt..
- **GiNi´s Beach Resort**, Kamala Beach, Phuket, Tel. 076 - 386 085, Fax: 076 - 297 029, eMail: ginis@csloxinfo.com, www.ginisbeachresort.com. Zur Zeit gibt´s 6 großräumige Apartments (2 Zimmer, TV, AC) ab 20 €, ideal auch für Familien, 50 Meter zum Strand. Das Strandrestaurant ist seit über 30 Jahren Treffpunkt der hiesigen deutschsprachigen Travellerszene, Internet, leckere Küche mit großzügigen Portionen, nach Noi oder Igor fragen. Weitere 1-Zimmer Apartments sind geplant.

GiNi´s Betreiber: Noi & Igor

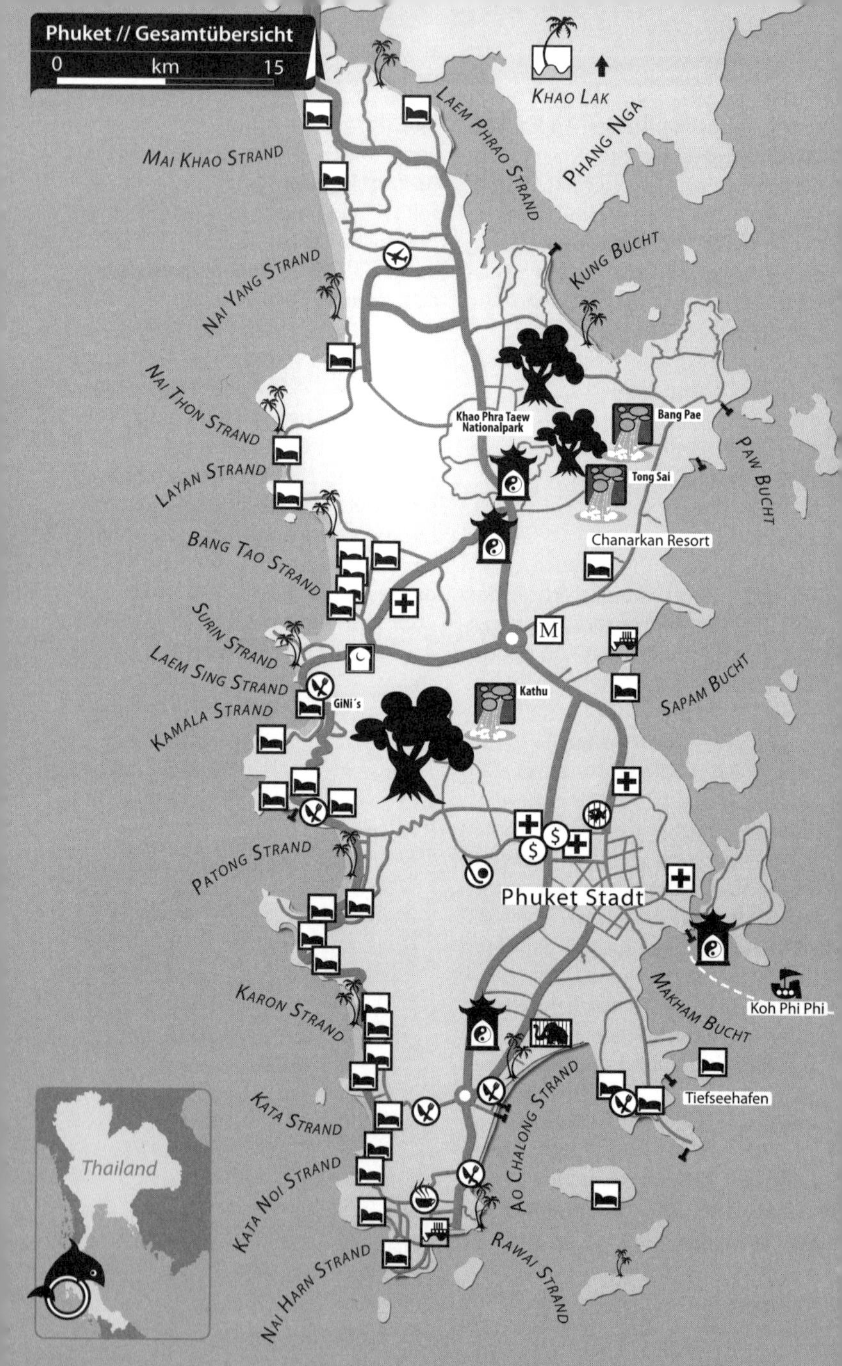

Phuket // Gesamtübersicht
0
km
15
Khao Lak
Phang Nga
Laem Phrao Strand
Mai Khao Strand
Nai Yang Strand
Kung Bucht
Nai Thon Strand
Khao Phra Taew Nationalpark
Bang Pae
Paw Bucht
Layan Strand
Tong Sai
Chanarkan Resort
Bang Tao Strand
Surin Strand
M
Laem Sing Strand
Sapam Bucht
Kamala Strand
GiNi´s
Kathu
Patong Strand
Phuket Stadt
Karon Strand
Makham Bucht
Koh Phi Phi
Tiefseehafen
Kata Strand
Ao Chalong Strand
Kata Noi Strand
Thailand
Rawai Strand
Nai Harn Strand

■ **Bazoom Hostel**, Karon Beach, 269/2-3 Patak East Road, Tel. 076 - 396 914, Fax: 076 - 396 914, www.bazoom-hostel.com, empfehlenswerte Herberge, saubere Zimmer, Schlafsaal ab 80 Bt., EZ 240 Bt., DZ 490 Bt., keine Erhöhung in der Hauptsaison.
■ **Casa Brasil**, Karon Beach, Tel. 076 - 396 317, www.phukethomestay.com, 5 Minuten zum Strand, sauber, netter Garten, DZ ohne AC in der Nebensaison ab 550 Bt., in der Saison 1000 Bt..
■ **Bel Aire Mansion**, Patong Beach, Tel. 076 - 341 832, Fax: 076 - 340 760, Minibar, TV, Laundry-Service, die vorderen Zimmer mit Strandblick, AC, Privatbad, 600 Bt. (Nebensaison), sonst 1200 Bt..

Essen und Trinken

■ **Lemongrass**, Phuket-Town, leckere Thai-Gerichte für faire Tarife.
■ **Farang Paradise**, Bang Thao Beach, Steaks ab 50 Bt.!
■ **Pan Yaah Restaurant**, Patong Beach, eines der wenigen nicht überteuerten Restaurants in Patong.
■ **Red Onion**, Karon Beach, abwechslungsreiche Karte und korrekte Preise.
■ **Don´s Café**, Nai Han Beach, Thai-Küche und Westgerichte.

Party

Patong Beach gilt als ebenbürtige Variante zu Pattaya und Bangkok. Geboten wird das volle Programm mit Go-Go Bars, Diskotheken und Stangentanz. Herzstück der Szene ist die Bangla Road; in der Soi Katoey sind die Ergebnisse von Bangkoks Silikon-Chirugen zu bewundern.

■ **Easyriders**, Kata Beach, Rockmusik und kalte Drinks.
■ **Kor Tor Mor**, Phuket-Town, angesagter Spot für Nachteulen.
■ **Yoonique Music Café**, Nai Han Beach, dienstags Livemusik, freitags Tex-Mex-Küche, auch Strand-Volleyball.

Was noch

Anheuern nach Australien? **Jimmy´s Lighthouse**, Tel. 076 - 381 796, in der Bucht von Chalong ist Treffpunkt von Yachties & Skippern.

■ **All4Diving, Equipment & Dive Centre**, Sawatdirak Rd., Patong Beach, Phuket 83150, Tel. 076 - 344 611, eMail: info@all4diving.com, www.all4diving.com
■ **Easy Watersports**, Equipment & Distributor, Chaofa Rd., Muang, Phuket, Tel. 076 - 244 902, eMail: easywat@samart.co.th.
■ **Phuket Water Taxi**, Tel. 01 - 891 2688, eMail: info@diveh2osportz.com, Fertigung von Fiberglasbooten für Taucheinsätze.
■ **Sea Canoe**, Phuket Town, 367/4 Yaowarat Road, Tel. 076 - 212252, www.seacanoe.com, Paddeltouren durch die Höhlenwelt der Andamanensee.
■ **Sunsail, Yachtcharter Phuket**,

Tel. 076 - 239 057, Fax: 076 - 239 040, www.sunsailasia.com.

■ **Hyperbaric Services Thailand**, Dekokammer & Erste Hilfe bei Tauchunfällen, SSS Recompression Chamber Network, Tel. 076 - 342 518, eMail: phuket@sssnetwork.com, www.sssnetwork.com

■ **Ao Chalong Yachtclub**, Tel. 01 - 892 4992, sonntags regelmässige Regatten.

Tauchen & Schnorcheln

Neben ***Koh Tao*** gilt Phuket als das Mekka für Sporttaucher in Thailand. Knapp 100 Tauchbasen, von denen viele von deutschen Betreibern geführt werden, werben um die Gunst der Kunden. **Hinweis:** Das Augenmerk sollte daher auch auf Sicherheitsstandards wie Sauerstoff bei Bootsausfahrten gerichtet werden. Preisvergleiche lohnen sich, gerade in der Nebensaison lassen sich gute Nachlässe aushandeln. Eine Auswahl:

■ **Sea Bees Diving**, Phuket, bewährte deutschsprachige Tauchbasis mit eigener Bungalowanlage, PADI & CMAS Ausbildung, Tagestouren rund um Phuket und Tauchsafaris zu den Similan Islands, 3 Tage u. 2 Nächte Doppelkabine auf der MY Genessis 380 €, eMail: info@sea-bees.com, www.sea-bees.com.

■ **GiNi´s, Beach Resort & Dive Centre**, Phuket, Kamala Beach, Tel. 076 - 386 085, Fax: 076 - 279 029, eMail: ginis@csloxinfo.com, www.ginisbeachresort.com. Der Hamburger Betreiber Igor ist zuverlässige Anlaufstelle für Sporttaucher & Schnorchler. Das Resort verfügt über komfortable Apartments zu fairen Preisen.

■ **Santana Diving**, Phuket, Patong Beach, Liveaboard-Tauchsafaris, Kreuzfahrten zu den Similan Islands & Ausbildung nach PADI, langjährige Erfahrung vor Ort, eMail: info@santanaphuket.com, www.santanaphuket.com.

■ **Eden Divers**, Patong Beach, Phuket, Tel. 076 - 290 474, eMail: info@edendivers.com, www.edendivers.com, PADI Resort, Basisleiter Peter Pointner und seine mehrsprachige Crew haben lange Erfahrung vor Ort.

■ **Scuba Cat Diving**, Patong Beach Rd., Phuket, Tel. 076 - 293 120, eMail: info@scubacat.com, www.scubacat.com, Liveaboard-Safaris zu den Similans & Richelieu Rock.

■ **White & Blue Dive Club**, Chaofa Rd., Muang, Phuket, Tel. 076 - 281 007 - 8, eMail: harmony@white-bluedive.com, www.white-bluedive.com, PADI 5 Star Gold Palm Resort, kleine Flotte, regelmässige Tauchsafaris zu den Similans und den vorgelagerten Tauchspots.

■ **Westcoast Divers**, Patong Beach, Kathu, Phuket, Tel. 076 - 341 673, eMail: info@westcoastdivers.com, www.westcoastdivers.com, PADI 5 Star Centre, Liveaboards & Bootsausflüge.

■ **Kingfisher Diving**, Patong Beach, Kathu, Phuket, Tel. 076 - 340 625, eMail: info@kingfisherdiving.com, www.kingfisherdiving.com, Nitrox, Schnorcheltrips, Bootscharter, PADI Kurse, Liveaboards.

■ **Dive Asia**, Kata Beach, Phuket, Tel. 076 - 330 598, eMail: info@diveasia.com, www.diveasia.com, seit 1988 etablierte Tauchbasis mit deutschsprachiger Crew, Tauchkurse & IDCs, Tauchsafaris zu den Similans und Richelieu Rock.

■ **Warm Water Divers**, Patong Beach, Phuket, Tel. 076 - 292 201, eMail: info@warmwaterdivers.com, www.warmwaterdivers.com, PADI Kurse und Bootsausfahrten.

■ **Jonathan Cruiser**, Scuba Venture Co. Ltd., Phuket, Tel. 076 - 281 529, Fax: 076 - 281 530, eMail: info@jonathan-cruiser.com, www.jonathan-cruiser.com, Liveaboard-Tauchsafaris mit der MY Jonathan Cruiser zu den Similans, Koh Bon, Koh Tachai und Richelieu Rock.

■ **Sub Aqua Center**, Khao Lak, Tel. 076 - 420 165, www.sub-aqua-khaolak.com, deutsche Tauchschule, PADI Standards, die Safaris zu den Similan Islands & Richelieu Rock werden schon wieder durchgeführt.

Verkehrsverbindungen

Der internationale **Flughafen** von Phuket wird von mehreren europäischen Fluggesellschaften direkt angeflogen. Von Bangkok erreicht man Phuket am günstigsten (ca. 15 €) mit einem Inlandsflug der Gesellschaft **Air Asia**, www.airasia.com. **Bangkok Airways** fliegt die Strecke ebenfalls mehrmals täglich, auch Flüge von Phuket nach Koh Samui, www.bangkokair.com. Einfacher Flug Bangkok - Phuket ab 1820 Bt. (Hin- und Rückflug ab 3640 Bt.). Diverse **Busgesellschaften** fahren von Bangkoks Southern Bus Terminal die 862 Kilometer via Suratthani, Fahrpreis rund 480 Bt., Abfahrt 18:00 h, Ankunft gegen Mittag am nächsten Tag.

Mit dem **Nachtzug** geht´s zunächst via Chumphon nach Suratthani, wo dann **Busse** weiter bis nach Phuket fahren. Hua Lamphong Railway Station Bangkok, Tel. 223 - 7010, 223 - 7020. Auf Phuket verbinden die **Songthaew-Busse** Strände und Phuket-Town (Ranong Road), 15 Bt. bis 25 Bt.. Ebenfalls klimatisierte **Minibusse** in Phuket-Town (10 Bt.) und reguläre Taxis (Tel. 076 - 250 333).

King Cruiser Wrack

REISEROUTEN

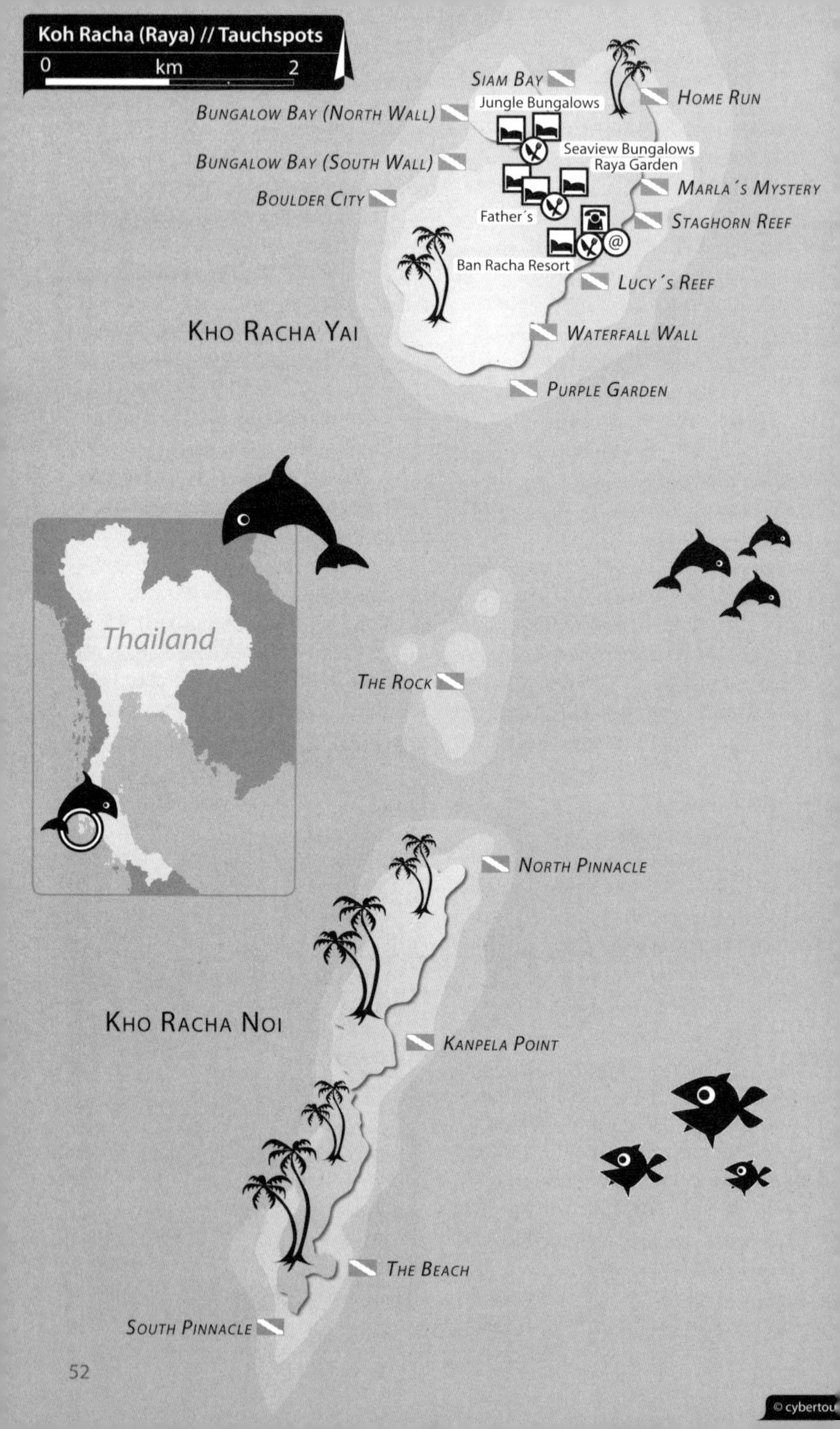
Koh Racha (Raya) // Tauchspots
0
km
2
Siam Bay
Jungle Bungalows
Home Run
Bungalow Bay (North Wall)
Seaview Bungalows
Bungalow Bay (South Wall)
Raya Garden
Marla´s Mystery
Boulder City
Father´s
Staghorn Reef
Ban Racha Resort
Lucy´s Reef
Kho Racha Yai
Waterfall Wall
Purple Garden
Thailand
The Rock
North Pinnacle
Kho Racha Noi
Kanpela Point
The Beach
South Pinnacle
© cybertou

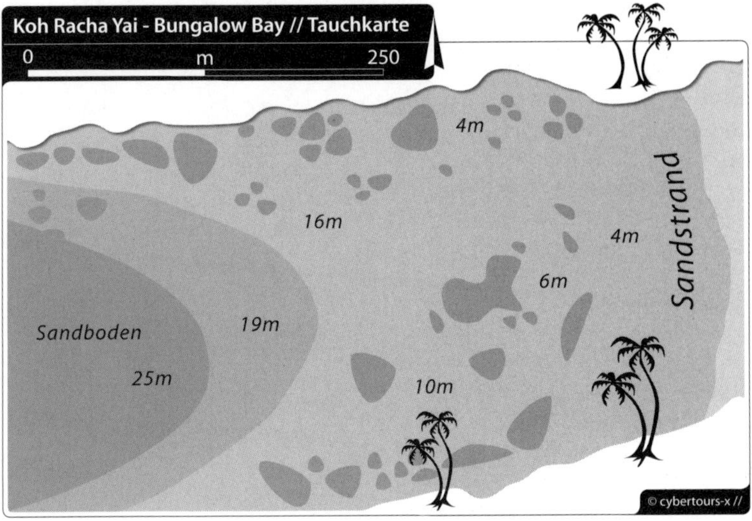

DIE SPOTS

■ **Koh Racha Yai** - die Insel mit ihren Granitfelsen liegt 42 Kilometer südlich von Phuket, Tauchgänge sind für jedes Level geeignet, die Strömung ist moderat, die Sichtweite beträgt im Schnitt 15 bis 25 Meter. Racha Yai bietet über 10 verschiedene Spots, die ganzjährig betaucht werden können. Die Westküste ist berühmt für die bunten Korallengärten und das kristallklare Wasser, Schnorchler sind hier gut aufgehoben. ***Bungalow Bay*** heißt der populärste Ausbildungsspot und die geschützte Bucht ist auch bei Schnorchlern sehr beliebt. Zu beobachten sind neben den üblichen Fischschwärmen Rochen, Schildkröten oder Muränen. Die Ostküste ist für entspannte Drift Dives geeignet, Wracktaucher finden vor der ***Ter Bay*** in einer Tiefe von 25 bis 35 Meter entsprechende Schiffsüberreste. Zu den Gästen der Riffe zählen Barrakuda-Schulen, Tintenfisch, Snapper und kapitale Zackenbarsche.

■ **Koh Racha Noi** - südlich von Koh Racha Yai gelegene Inselgruppe, geeignet eher für Fortgeschrittene, die Sichtweite beträgt zwischen 10 und 25 Meter. Strömung und Tauchtiefe erlauben außerordentliche Begegnungen mit Riffhaien, Mantas und sogar saisonbedingt mit Walhaien. Ein Schiffswrack auf 27 Meter Tiefe ist Anlaufstelle für Fischschwärme.

■ **Lucy´s Reef** - östlich von Racha Yai gelegenes Riff. Die Strömung ist moderat, so sind gemütliche Strömungstauchgänge bei Tiefen zwischen 5 und 27 Metern möglich. Schnorchler finden ebenfalls gute Bedingungen, es sind Hart- und Weichkorallen, Trompetenfische, Husarenfische und gelegentlich sogar Leopardenhaie zu beobachten.

■ **Staghorn Reef** - nördlich von Lucy´s Reef gelegen (25 Kilometer südlich von Phuket). Der Spot verdankt seinen Namen der hier verbreiteten Korallenart, der „Staghorn“. Die Bedingungen können je nach Wetterlage variieren, aber i. d. Regel ist hier mit entspannten Drift Dives bei Tiefen zwischen 5 und 27 Metern zu rechnen.

■ **Shark Point** - der Spot verdankt seinen Namen den Leopardenhaien, die hier über den sandigen Boden streifen. Neben den benachbarten Tauchplätzen Anemone Reef und King Cruiser Wreck gilt Shark Point als beliebtester Tauchgang vor Phuket. Mehrere Riffe fallen ab auf Sandboden, die Tauchtiefe beträgt zwischen 16 Meter und 30 Meter. Im Flachwasserbereich finden Schnorchler beeindruckende Korallenformationen und tropische Fischschwärme, allerdings treten zwischen den Riffen Strömungen auf. Drift Dives sind also mit einem guten Tauchboot ohne weiteres möglich.

■ **King Cruiser (S. 163)**- spektakuläres Schiffswrack. Die 82 Meter lange Autofähre sank am 04. Mai 1997 auf dem Wege nach Koh Phi-Phi, als sie das Anemone Reef streifte. Die Sichtweite beträgt zwischen 10 und 20 Metern, für unerfahrene Taucher empfiehlt sich die Begleitung durch fachkundige Divemaster. Auf 25 Meter Tiefe findet sich der Maschinen-

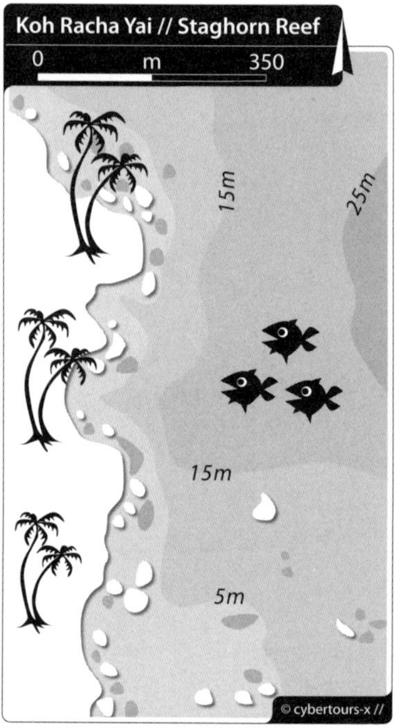

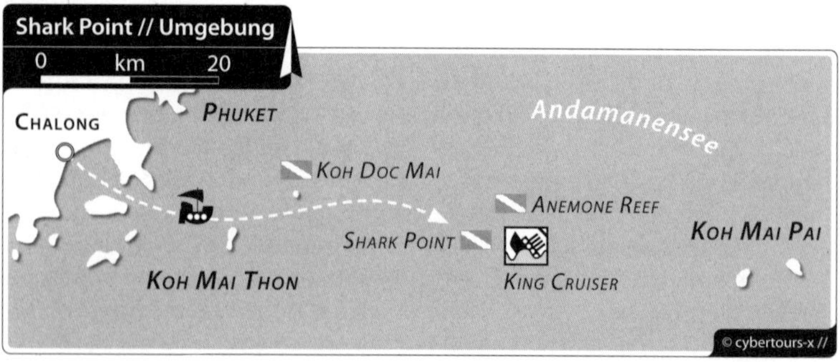

Shark Point // Tauchkarte

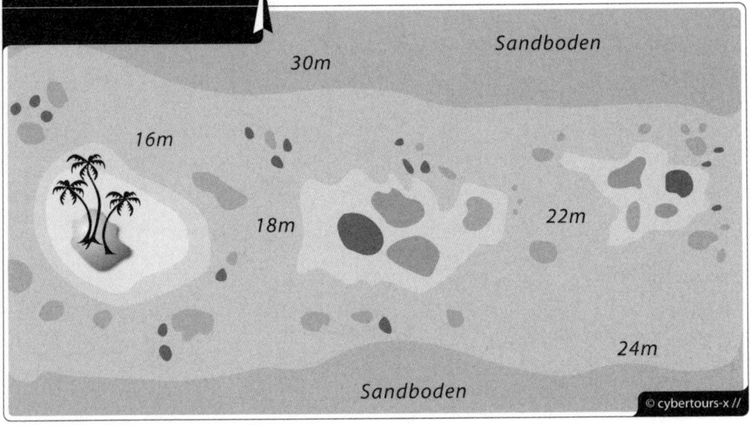

raum und das Autodeck, beim Aufsteigen auf 18 Meter stößt man auf Kabinen und Passagierräume, auf 15 Meter liegen die Steuerbrücke und Decksaufbauten. Barrakudas und kapitale Thunfische gehören zu den Bewohnern dieses künstlichen Riffs.

■ **Anemone Reef** - geeignet für Sporttaucher jeden Levels und Schnorchler. Vier Meter unter der Wasseroberfläche liegt das Unterwassergebirge, welches bis auf 30 Meter und sandigen Boden abfällt. Mehrere Plattformen und Ebenen liegen auf 12 Meter und 18 Meter, bei einer Tauchtiefe von etwa 20 Metern beginnt der sandige Meeresboden. Die Korallenpracht ist nicht ganz so bunt wie am Shark Point, aber das nährstoffreiche Wasser sorgt für viel Großfisch und Seeanemonen. Strömungen können wetterbedingt auftreten.

■ **Koh Doc Mai** - ungefähr auf halbem Wege zum Shark Point gelegen. Die Insel wird denn auch gern von vielen Tauchveranstaltern als zweiter Tauchgang im Programm geführt. Koh Doc Mai bietet so für Sporttaucher jeden Levels und auch Schnorchler spannende Beobachtungen, trotzdem die Sichtweite häufig schlechter ist als anderswo. Die Steilwände fallen auf sandigen Untergrund ab, die Tauchtiefe beträgt an der Westseite maximal 18 Meter; an der Ostseite bis zu 30 Meter. Hier sind auch viele Korallenarten zu bewundern, am nördlichen Ende liegen bei 5 Metern mehrere bewachsene Felsen. Schildkröten, Muränen und Tintenfische sind bei fast jedem Tauchgang zu beobachten, mit Glück lässt sich auch ein Leopardenhai blicken.

King Cruiser - Künstliches Riff

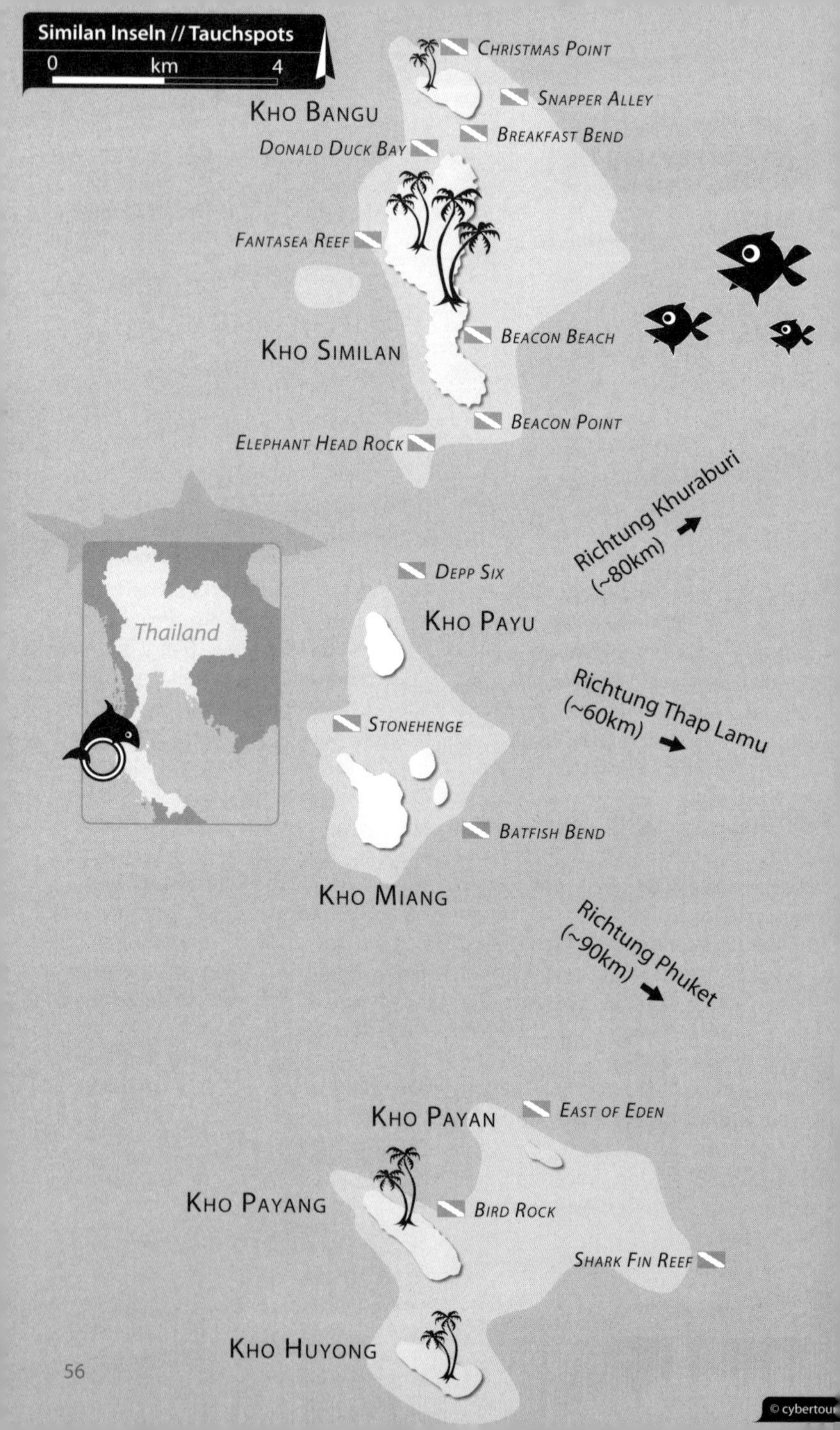
Similan Inseln // Tauchspots
0
km
4
Christmas Point
Snapper Alley
Kho Bangu
Breakfast Bend
Donald Duck Bay
Fantasea Reef
Beacon Beach
Kho Similan
Beacon Point
Elephant Head Rock
Richtung Khuraburi (~80km)
Depp Six
Thailand
Kho Payu
Richtung Thap Lamu (~60km)
Stonehenge
Batfish Bend
Kho Miang
Richtung Phuket (~90km)
Kho Payan
East of Eden
Kho Payang
Bird Rock
Shark Fin Reef
Kho Huyong
© cybertour

■ **Similan Islands** - die Inselgruppe in der Andamanensee liegt rund 90 Kilometer nordwestlich von Phuket und gilt als Thailands bestes Tauchrevier. Fast alle Tauchschulen von Phuket und Khao Lak bieten mehrtägige Safaris zu den Inseln an. Von den vielen erschlossenen Tauchplätzen sind 3 hervorzuheben: ***Donald Duck Bay***, Ankerplatz der meisten Tauchboote, die hier ihre Safaris beginnen. Der weiße Strand und der grüne Urwald bieten eine abenteuerliche Kulisse für Entdeckungen über und unter Wasser. Die Bucht eignet sich bei Tiefen zwischen 5 und 12 Metern ideal für Schnorchler und Schwimmer. ***East of Eden***, abwechslungsreiche Topografie mit Überhängen, Tunneln und Grotten. Das blühende Korallenriff fällt bis auf 36 Meter in die Tiefe, der Meeresgrund ist sandig. Starke Strömung bedingt hier immer viel, viel Fisch. ***Fantasea Reef***, gigantische Gorgonien und bunte Weichkorallen, die Tauchtiefe reicht von 6 Meter bis 40 Meter. Einer der spektakulärsten Spots mit Drop-Offs, Höhlen und Grotten. Zu beobachten sind Rotfeuerfische, Muränen, Stachelmakrelen, Barrakudas und in größerer Tiefe auch Riffhaie.

■ **Richelieu Rock** - der Felsen wurde einst von Jacques-Yves Cousteau entdeckt und ist heute Anziehungspunkt für die Tauchergemeinde aus aller Welt. Bei Niedrigwasser ragt das Riff gut 1,5 Meter aus dem Wasser, die umliegenden Ebenen reichen von 10 Meter bis auf 35 Meter Tiefe. Die Strömung ist beinahe zu vernachlässigen, dennoch ist der Tauchgang nur erfahrenen Tauchern zu empfehlen. Die Attraktion sind die „Big Fish", die hier zu beobachten sind: Walhai und gigantische Manta-Rochen mit Spannweiten bis zu 6 Metern. Barrakuda-Schulen, Rotfeuerfische, Muränen und Steinfische sind ebenfalls oft vertreten. Makro-Fotografen werden Motive wie Seepferdchen oder Harlekin Shrimps, eifrige Mitarbeiter der „Cleaning Stations" am Riff, vor die Kamera bekommen. Der Spot gilt zu Recht als Weltklasse.

■ **Koh Bon** - gilt zu Recht als „Manta-Point", als bester Spot für eine Begegnung mit den gigantischen Teufelsrochen. Spannweiten von 6 Metern sind bei diesen Vertretern üblich, und manch verzückter Taucher vergißt bei einem Treffen alle Tauchtheorie und folgt den Giganten blind bis ins tiefe Blauwasser. Von Januar bis April ankern hier täglich bis zu 5 Tauchboote, dann besteht nahezu Manta-Garantie!

■ **Surin Islands** - die kaum bewohnte Inselgruppe liegt nördlich von den Similan Islands und kann ebenso nur mit Safaribooten und Liveaboards besucht werden. Die Korallenstöcke blühen unberührt von Umweltverschmutzung und Dynamitfischerei, der Nationalpark ist auch hervorragend für Schnorcheltrips geeignet. ***Turtle Ledges***, leichte Strömung, maximale Tiefe 24 Meter, wie der Name verspricht sind hier u. a. viele Meeresschildkröten zu beobachten. ***Koh Torinla***, die südlichste Insel des Archipels. Die nordöstliche Seite ist

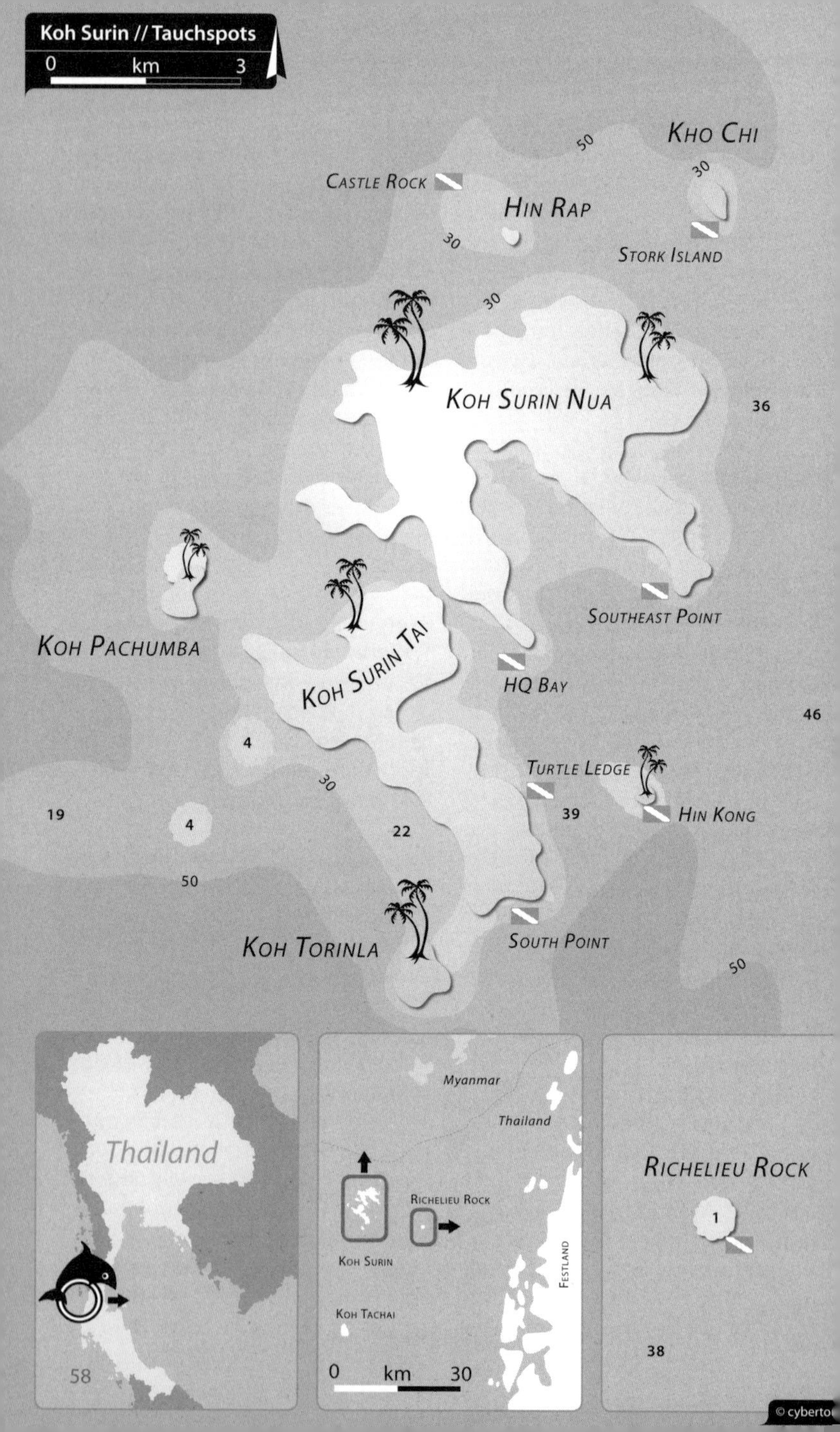
Koh Surin // Tauchspots
0 km 3
Kho Chi
50
30
Castle Rock
Hin Rap
30
Stork Island
30
Koh Surin Nua
36
Koh Pachumba
Southeast Point
Koh Surin Tai
HQ Bay
46
4
Turtle Ledge
30
19
4
22
39
Hin Kong
50
Koh Torinla
South Point
50
Thailand
Myanmar
Thailand
Richelieu Rock
Koh Surin
Koh Tachai
Festland
0 km 30
Richelieu Rock
1
38
© cyberto

ideal für Multilevel-Tauchgänge und gemütliches Strömungstauchen. Maximale Tiefe 18 Meter, auch für Schnorchler geeignet. ***Swift Passage***, Meerenge zwischen Koh Surin Tai und Koh Torinla, ideal für Drift Dives zwischen 12 und 27 Meter Tiefe. Viele Schwarzspitzen-Riffhaie, Stachelmakrelen, Barrakudas und Schnapper.

- **Mergui Archipel & Burma Banks** - über 800 Inseln liegen gut 180 Kilometer nördlich von Phuket und gehören bereits zu burmesischem Territorium. Die Tauchplätze wurden erst Mitte der 90er Jahre erschlossen, die beschwerliche Anreise hat einen maritimen Massentourismus bisher erfolgreich verhindert. Die unbewohnten Inseln sind Garanten für erstklassige Tauchgänge und Schnorcheleien. Riffhaie, Zackenbarsche und andere kapitale Jäger gehören zu ständigen Begleitern.

Über **Haiattacken** in thailändischen Gewässern ist wenig bekannt. Taucher werden an den Riffen häufig den scheuen ***Weißspitzen-Riffhaien*** oder auch den ***Schwarzspitzen-Riffhaien*** begegnen. Die Spitzen der Rückenflossen sind bei diesen Haiarten entsprechend weiß oder schwarz gefärbt. Ähnlich wie die friedlichen ***Leopardenhaie*** sind diese Riffhaie überwiegend nachtaktiv, tagsüber schlafen sie in Höhlen oder auf dem sandigen Meeresgrund. Mit einer Größe von maximal 1,8 Meter zählen Weißspitzen- und Schwarzspitzen-Riffhaie zu den kleineren Haiarten. Der ***Ammenhai*** (Nurse Shark) ist dieser Größe ebenso zuzuordnen, jedoch ist dieser Hai auch schon im knietiefen Flachwasser gesichtet worden und gilt als zuweilen launisch. Ein respektvoller Abstand ist immer angebracht bei Haien. Der etwas größere **Graue Riffhai** ist oft an den offenen Riffkanten der Surin Islands oder auch Similan Islands zu beobachten. Im Gegensatz zu den Malediven oder Tauchplätzen im Roten Meer ist an den fernöstlichen Riffen bei dieser Haiart oft mit Territorialverhalten und Drohgebärden zu rechnen. Zieht der Hai aufdringliche Kreise um das Objekt seiner

Schwarzspitzen-Riffhai

Begierde, sind die Brustflossen nach unten gedrückt, dann muss auch mit einem Anrempeln gerechnet werden. Vorsichtig Rückendeckung am Riff suchen und langsam das Wasser verlassen. Auch das bewegungslose Ausharren auf dem Meeresgrund kann das Interesse des Hais beenden. Eine **vertikale Haltung** im Wasser macht den Taucher für den Hai größer und somit respektabler.

Die aggressiven **Menschenhaie** der Tropen heißen ***Tigerhai*** und ***Bullenhai*** (Makohai), die in Thailand oder Kambodscha aber nur sehr selten vorkommen. Tigerhaie können bis zu 6 Meter groß werden, Bullenhaie bis zu 3,50 Meter. Beide Arten jagen sowohl in großen Tiefen als auch gerade nachts und in der Dämmerung an Riffen und Lagunen im Flachwasser. Ihre Lebensweise bringt sie also zwangsläufig in die unmittelbare Nähe von Menschen, und so sind auch Angriffe in Badebuchten belegt. Schwimmer sollten trübes Wasser und den Bereich von Flussmündungen meiden. In der Regel nehmen angreifende Haie erstmal einen „Probebiss" zum Verletzen oder Töten und warten ab, bis das Opfer verblutet - eine Überlebenschance für den Betroffenen. Da auch **Muränen**, große **Zackenbarsche**, **Drückerfische** oder **Barrakudas** üble Bisswunden verursachen können folgt hier ein kleiner Maßnahmen-Katalog:

- eine **schnelle Bergung** kann Leben retten
- zur Vermeidung von Blutverlust die verletzte Extremität nur **passiv nachziehen**
- blutende **Wunde** unter Wasser **nach unten halten** (größerer Umgebungsdruck = schwächere Durchblutung)
- offene Wunden **abdrücken**
- nach der Bergung sofort **Druckverband**
- **Schocklagerung** und **Flüssigkeitsgabe**
- ggf. **Sauerstoffgabe** bei großem Blutverlust
- **Schmerzmittel** verabreichen
- gründliche **Desinfektion** des Wundbereiches mit Schutzhandschuhen

Leopardenhai

Krabi

Die Küste ist geprägt von kleinen Sandstränden und türkisfarbenen Wasser vor filmreifen Sandsteinfelsen und sattem Grün der Palmengürtel - so sieht ein Tropenparadies aus. ***Rai Leh*** ist denn auch der Hotspot unter den örtlichen Stränden, am West Strand herrscht reger Bootsverkehr nach ***Ao Nang***. Kerzenschein und Chill-out-Musik untermauern später eindrucksvolle Sonnenuntergänge. Viele kommen auch abends von ***Tonsai*** zum Dinner vorbei. Der Ost Strand der kleinen Halbinsel ist hingegen bei Flut sehr schmal und das Wasser wegen der Mangroven nicht gerade zum Schwimmen geeignet. Im Hinterland führen Pfade und Fußwege zu Höhlen und Kletterbergen sowie nach Tonsai. Die gemütlichere Abteilung trifft sich in den zahlreichen Kneipen und Strandrestaurants. Rai Leh erreicht man am besten mit dem Boot von Ao Nang aus.
Ao Phra Nang erreicht man vom Westteil Rai Leh Ost über einen Fußweg um das Rayavadee Hotel herum. An der Spitze der Halbinsel liegt der traumhafte Phranang Cave Beach mit einem Kletterpfad zum Viewpoint. Ein Panoramablick verschafft neue Horizonte. ***Tonsai*** ist ein etwa 400 Meter langer, goldgelber Strand, der bevorzugt von Travellern und Rucksacktouristen aufgesucht wird. Natürlich darf dann auch die Full-Moon-Party nicht fehlen. Ideal für Leute mit kleinem Budget. ***Ao Nang*** wird dominiert von deutschen und skandinavischen Pauschaltouristen, die TUI ist hier überaus aktiv. Hotels und Motels, klimatisierte Supermärkte und hektischer Autoverkehr erinnern eher an Amerika denn an Thailand. An der Strandpromenade drängen sich die Longtailboote im Wasser, um willige Touristen nach Rai Leh zu bringen. **Aktivurlauber** haben die Wahl zwischen Tauch- und Schnorchelausflügen, Kayaking, Freeclimbing, Bootsfahrten zur James Bond Insel oder Koh Phi Phi sowie Trekkingtouren durch den nahen Dschungel.

■ www.krabiferien.de

Achtung! Zu später Stunde sollten die Longtailboote nicht allein benutzt werden, das gilt auch für Fahrten zu abgelegenen Stränden. In den vergangenen Jahren kam es leider auch zu Vergewaltigungen von Touristinnen und Überfällen.

Unterkunft

■ **Railay Village Resort**, Rai Le West Beach, Tel. 075 - 622 578, Fax: 075 - 622 579, Bungalows mit Fan ab 800 Bt..

■ **Ya Ya Resort**, Rai Leh East Beach, Tel. 075 - 622 593, 06 - 745 8860, DZ um 500 Bt., schöne Lage in Strandnähe, viele Freeclimber und Luis Trenker Anhänger.

■ **Rainbow Bungalows**, Tonsai Beach, einfache Bambushütten im Dschungel ab 200 Bt., andere Bungalowanlagen wie Saithorn oder Teiw Khao haben ähnliche Preise.

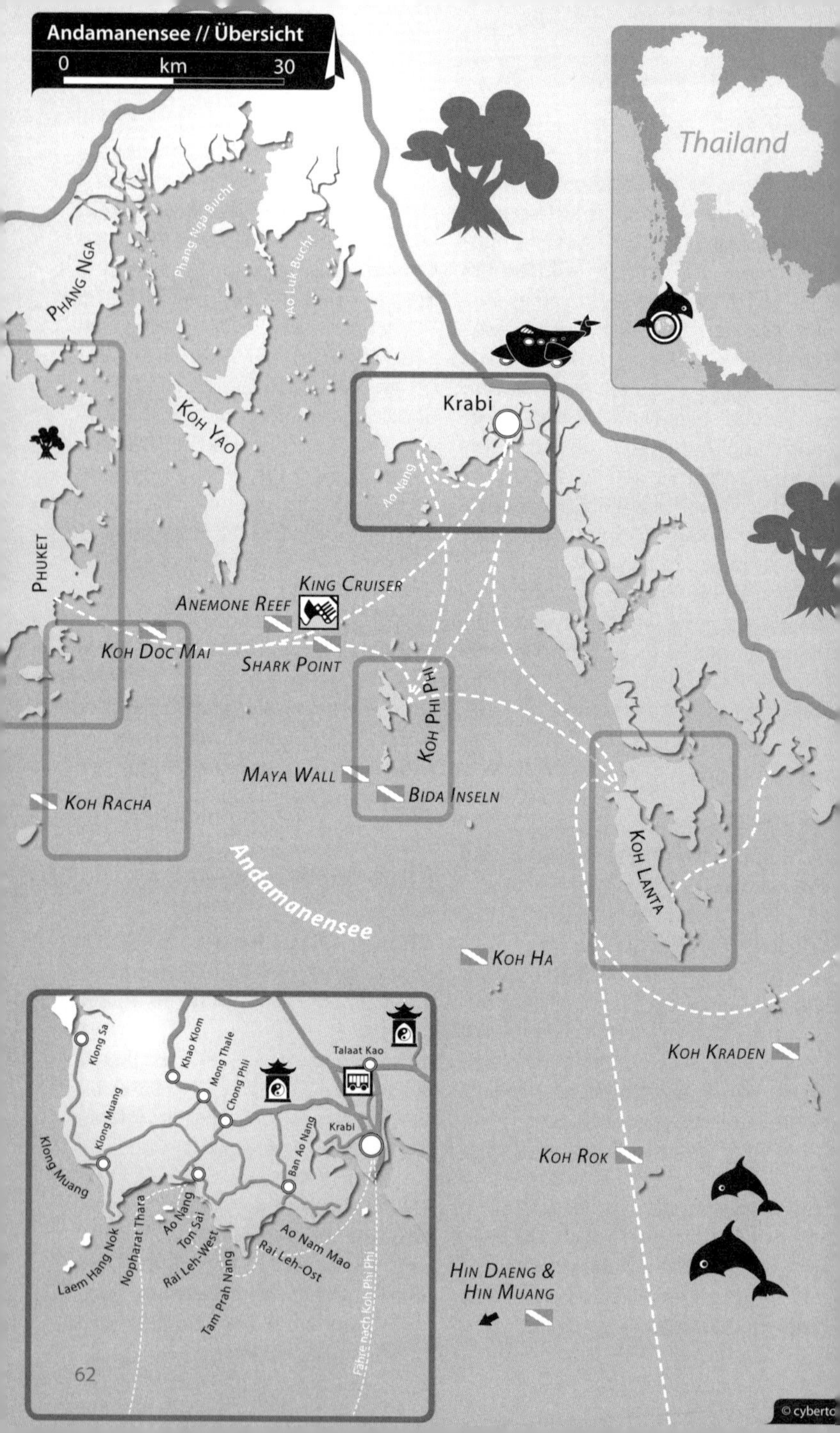

Andamanensee // Übersicht
0 km 30
Thailand
Phang Nga
Phang Nga Bucht
Ao Luk Bucht
Koh Yao
Krabi
Ao Nang
Phuket
King Cruiser
Anemone Reef
Koh Doc Mai
Shark Point
Koh Phi Phi
Maya Wall
Bida Inseln
Koh Racha
Andamanensee
Koh Lanta
Koh Ha
Koh Kraden
Koh Rok
Hin Daeng &
Hin Muang
Klong Sa
Khao Klom
Mong Thale
Chong Phli
Talaat Kao
Klong Muang
Klong Muang
Krabi
Ban Ao Nang
Noppharat Thara
Ao Nang
Ton Sai
Laem Hang Nok
Rai Leh-West
Tam Prah Nang
Rai Leh-Ost
Ao Nam Mao
Fähre nach Koh Phi Phi
© cyberto

■ **Andaman Nature Resort**, Tonsai Beach, Tel. 075 - 637 092, gemütliche Holzbungalows ab 300 Bt..
■ **Ao Nang Paradise Resort**, Ao Nang Beach, Tel. 075 - 637 6501, Mittelklasse-Standard, DZ mit Fan ab 1190 Bt., Frühstück inklusive.
■ **Thara GH**, 79/3 Kongkha Road, Krabi Town, Tel. 075 - 630 499, etwas vom Zentrum entfernt, freundlich und sauber, DZ ab 150 Bt.. Zentraler wohnt man im Grand Tower Hotel in der Chao Fah Road (ab 250 Bt.).
■ **Jinda GH**, 247/6 Moo 2, Ao Nang, Tel. 075 - 637 524, EZ in der Nebensaison ab 300 Bt., sonst 400 Bt..

Essen und Trinken

■ **Bobo´s Café**, Rai Leh West Beach, Salate, Pancakes, Sandwiches ab 50 Bt., auch leckere Thaigerichte ab 70 Bt., Treffpunkt mit Kerzenschein und Bastmatten am Strand.
■ **Gecko Bar**, Rai Leh East Beach, Nudelgerichte und Thaifood ab 50 Bt., kaltes Bier, auch Partytreff zu später Stunde.
■ **Ao Nang Seafood**, Ao Nang, Fischteller ab 60 Bt., auch Cocktails und Longdrinks.
■ **Popeye´s**, Krabi Town, Hausmannskost und erstklassige Pommes Frites.

Party

■ **Freedom Bar**, Tonsai Beach, regelmäßige Techno-Parties, bei Vollmonde fahren die Longtailboote rund um die Uhr.
■ **Full Moon Bar**, Ao Nang, Herzstück der Szene. Später geht´s in den Lost Pirate.
■ **Asia Road**, Chao Fah Road, Krabi Town, Frozen Margaritas für 90 Bt. und abwechslungsreiche Musik. Techno-Jüngern sei der Mixer-Pub empfohlen.

Was noch

■ **Hyperbaric Services Thailand**, Tel. 075 - 695 275, www.sssnetwork.com, Tauchmedizin und Notaufnahme, die nächste Dekokammer befindet sich in Phuket.
■ **King Climbers**, Ya Ya Resort, Tel. 075 - 637 125, Fax: 075 - 637 849, die Sandsteinfelsen um Rai Leh sind weltweit begehrte Kletterreviere für Freeclimber, Tagestouren und Anfängerkurse werden ab 1500 Bt. pro Tag angeboten, Ausrüstung wird extra berechnet.

Tauchen & Schnorcheln

■ **Poseidon Dive Center**, PADI 5 Star, Ao Nang, Krabi, Tel. 075 - 637 263, Fax: 075 - 637 264, www.poseidon-krabi.com, deutsche Tauchbasis.
■ **Kon-Tiki Dive Center**, Krabi, Tel. 075-637826, eMail: kontiki2@loxinfo.co.th, www.kontiki-krabi.com, Padi 5 Star Centre, auch Nitrox.
■ **Aqua Vision Dive Center**, Ao Nang, Krabi, Tel. 075 - 637 415, eMail: aqvision@cscoms.com, www.

aqua-vision.net, Tageausflüge nach Phi Phi, auch Liveaboards zu den Similan Islands.

■ **Ao Nang Divers**, , Krabi Seaview Resort, Ao Nang, Krabi, Tel. 075 - 637 242, Fax: 075 - 637 246, eMail: info@aonang-divers.com, www.aonang-divers.com, moderne deutschsprachige Basis mit 25 Meter Tauchboot.

■ **Viking Scuba**, Tonsai Beach, Schnorchelausflüge ab 350 Bt., Tauchausbildung nach PADI Standards, ein Paket mit 2 Tauchgängen wird bereits ab 1300 Bt. angeboten.

Verkehrsverbindungen

Krabi ist mit dem **Flugzeug** mehrmals täglich von Bangkok aus zu erreichen (Tickets 2560 Bt./5120 Bt.). **Taxis** in die Stadt kosten rund 200 Bt., harte Verhandlungen sind angebracht. Ebenfalls fahren täglich **Nachtbusse** zwischen 18:00 h und 19:00 h in Bangkok ab, die Krabi nach ca. 14 Stunden erreichen (VIP Bus via Suratthani 350 Bt., Government Bus 650 Bt.). Nur Ao Nang ist über eine Straße an Krabi angebunden, ca. 20 Kilometer Entfernung. Von Ao Nang verkehren zwischen 7:45 h und 16:00 h **Longtailboote** nach Rai Leh East, Tickets ab 70 Bt.. Ebenso sind **Taxiboote** zwischen Rai Leh West, Ao Nang und Tonsai unterwegs, das letzte fährt gegen 22:00 h ab, Fahrpreis je nach Distanz ab 20 Bt.. Bei Ebbe kann man auch von Rai Leh West nach Tonsai laufen.

Ein **Fährverkehr** verbindet Krabi auch mit Phuket/Ratchada Pier, Koh Phi Phi und Phang Nga. Auch gute **Busverbindungen** nach Suratthani (Koh Samui), Phuket, Trang (Koh Lanta), Penang (Malaysia).

Die Spots

Fast alle Tauchschulen bieten auch Tagesfahrten zu den bewährten Tauchplätzen Phukets wie ***King Cruiser*** und ***Shark Point***. Ebenfalls mehrtägige Safaris zu den Similans oder Surin Islands möglich.

■ **Koh Yawabon** - 5 Kilometer südlich von Ao Nang gelegener Tauchplatz. Die Insel gilt als Spot für Leopardenhaie. Tunnel, Höhlen und Grotten sind nur für erfahrene Taucher geeignet, zumal hier häufig mit starker Strömung gerechnet werden muss. Die Tauchtiefe reicht von 3 Meter bis auf 20 Meter.

■ **Koh See** - Anfänger- und Ausbildungsspot 9 Kilometer südlich von Ao Nang. Die filmreife Kulisse mit den spektakulären Kalksteinformationen macht Koh See auch für Tagesausflügler und Schnorchler interessant. Die Steilwände reichen bis auf 18 Meter Tiefe hinab und der Meeresgrund ist zwischen den Korallen- und Felsblöcken sandig. Diese idealen Trainingsbedingungen locken viele Tauchschulen aus der Region, entsprechend trubelig kann es in der Hauptsaison zugehen. Mit Glück lassen sich auch Leopardenhaie beobachten.

■ **Koh Ha** - nicht weit von ***Koh See***

Küste bei Krabi △

Anemonenfisch // Koh Lipe ◁

Riff im Tarutao Nationalpark ▽

△ *Riffhai // Similan Islands* *(Details S. 56/57)*

▽ *Steilwand vor Hin Daeng // Andamanensee* *(Details S. 79)*

Staghorn Reef // Andamanensee (Details S. 54) △

White Rock // Koh Tao (Details S. 88/89) ▽

Der Walhai – Gigant der Hochsee *(Rhincodon typus)*

Wie alle Haiarten gehört auch der Walhai aufgrund seines Skelettbaus zur Gruppe der Knorpelfische. Der **größte Fisch der Erde** ist ausschließlich Planktonfresser, pro Stunde werden bis zu 2000 Tonnen Meerwasser gefiltert. Dabei erreicht er eine Schwimmgeschwindigkeit von rund 4 Kilometern die Stunde.

Walhaie sind lebendgebärend, da die Jungtiere bereits im Mutterleib aus den Eiern schlüpfen.

Diese Giganten des Blauwassers können bis zu **18 Meter** lang und bis zu **15 Tonnen** schwer werden. Die Körperzeichnung ist dunkel mit hellen Flecken und fast ebenso hellen Längs- und Querstreifen. Der Walhai besitzen einen auffällig breiten, flachen Kopf und ein stumpfes endständiges Maul mit kleinen Zähnchen. Erst im Alter zwischen 10 und 30 Jahren können sich die Fische fortpflanzen, was mit dem langsamen Wachstum und dem Gebären nur weniger Nachkommen ein wichtiger Grund für die Gefährdung ihrer Arten ist. Walhaie sind leicht zu fischen, da sie langsam schwimmen und sich oft in Küstennähe aufhalten. Haifischflossen und das Fleisch der Walhaie gelten in vielen ostasiatischen Ländern als **Delikatesse**, und die Nachfrage hält weiterhin an.

Walhaie wandern weit durch die Weltmeere, sind aber auch in küstennahen Gewässern anzutreffen. Bewährte Spots für Begegnungen mit diesen **friedlichen Giganten** der Hochsee sind neben Thailand auch die Länder Philippinen, Indien, Malediven, Australien, Mozambique, Belize, Honduras, Mexiko und die USA.

△ *Bida Inseln (Details S. 75)*

△ *Vorherige Doppelseite:*
Delfinherde // Sail Rock

▷ *Muräne // Koh Ha*

▽ *Anemonenfische // Maya Wall*

gelegen. Der Spot bietet bei Tiefen zwischen 5 und 20 Metern auch für Schnorchler ein ausgezeichnetes Forum. Zu beobachten sind Blaupunktrochen, Seeschlangen, Muränen und bunte Hartkorallen.

Koh Phi Phi

Die traumhaft schöne Doppelinsel gilt als feste Größe unter Rucksackreisenden, musste aber bei der Flutwelle von Weihnachten 2004 böse Schläge einstecken. Viele Bungalow-Anlagen wurden einfach weggespült und zahlreiche Todesopfer waren zu beklagen. Mittlerweile ist der Wiederaufbau in vollem Gange und erste Touristen wagen wieder eine Stippvisite. Die Schönheit der Inseln ist trotz der Katastrophe unverändert beeindruckend. Bizarre Kalksteinformationen und leuchtend weiße Tropenstrände der Region wurden nicht erst seit der Verfilmung von „The Beach" bekannt, auch zahlreiche Werbefilme wurden hier schon gedreht. Für Taucher und Schnorchler finden sich abwechslungsreiche Tauchspots für jeden Schwierigkeitsgrad.

- www.hiphiphi.com
- http://phi-phi.com

Unterkunft

- **Randee Beach Bungalows**, Tel. 06 - 746 3297, die Anlage wurde vom Tsunami weitgehend verschont, einfache Bungalows mit Gemeinschaftsbad ab 100 Bt..
- **Ao Tho Ko Bungalows**, Tel. 01 - 731 9470, 18 saubere Bungalows, Restaurant, Schnorcheln vor der Haustür, ab 250 Bt. mit Gemeinschaftsbad.
- **Phi Phi Paradise Resort**, Tel. 01 - 968 3982, frühere Backpacker-Anlage Paradise Pearl, www.paradiseresort.co.th, Bungalows für 2 Personen in der Nebensaison 800 Bt., sonst 1700 Bt..
- **Phi Phi Island Village**, Tel. 076 - 215 014, www.ppisland.com, Verwöhnanlage für die Flitterwochen, Deluxe Bungalows ab 4900 Bt..

Tauchen

- **White & Blue Dive Club**, Koh Phi Phi, Tel. 075 - 620 589, eMail: phiphi@white-bluedive.com, www.white-bluedive.com, PADI 5 Star IDC Center, Tauchkurse und Liveaboard-Safaris.
- **Phi Phi Scuba Centre**, Koh Phi Phi, Tel. 075 - 612 665, www.phi-phi-scuba.com, PADI Standards und Schnorchelfahrten.
- **Viking Divers**, Koh Phi Phi, Tel. 01 - 970 3644, eMail: vikingdivers@hotmail.com, www.vikingdiversthailand.com, regelmässige Bootsausfahrten und Schnorcheltouren.
- **Princess Divers**, Koh Phi Phi, eMail: princessdivers@ppprincess.com, www.scuba-diving-phi-phi.com, PADI Standards, Bootsausfahrten, Tauchsafaris. Die Basis hat auch neue Tauchplätze bei Koh Mook erschlossen, www.kohmook.com.

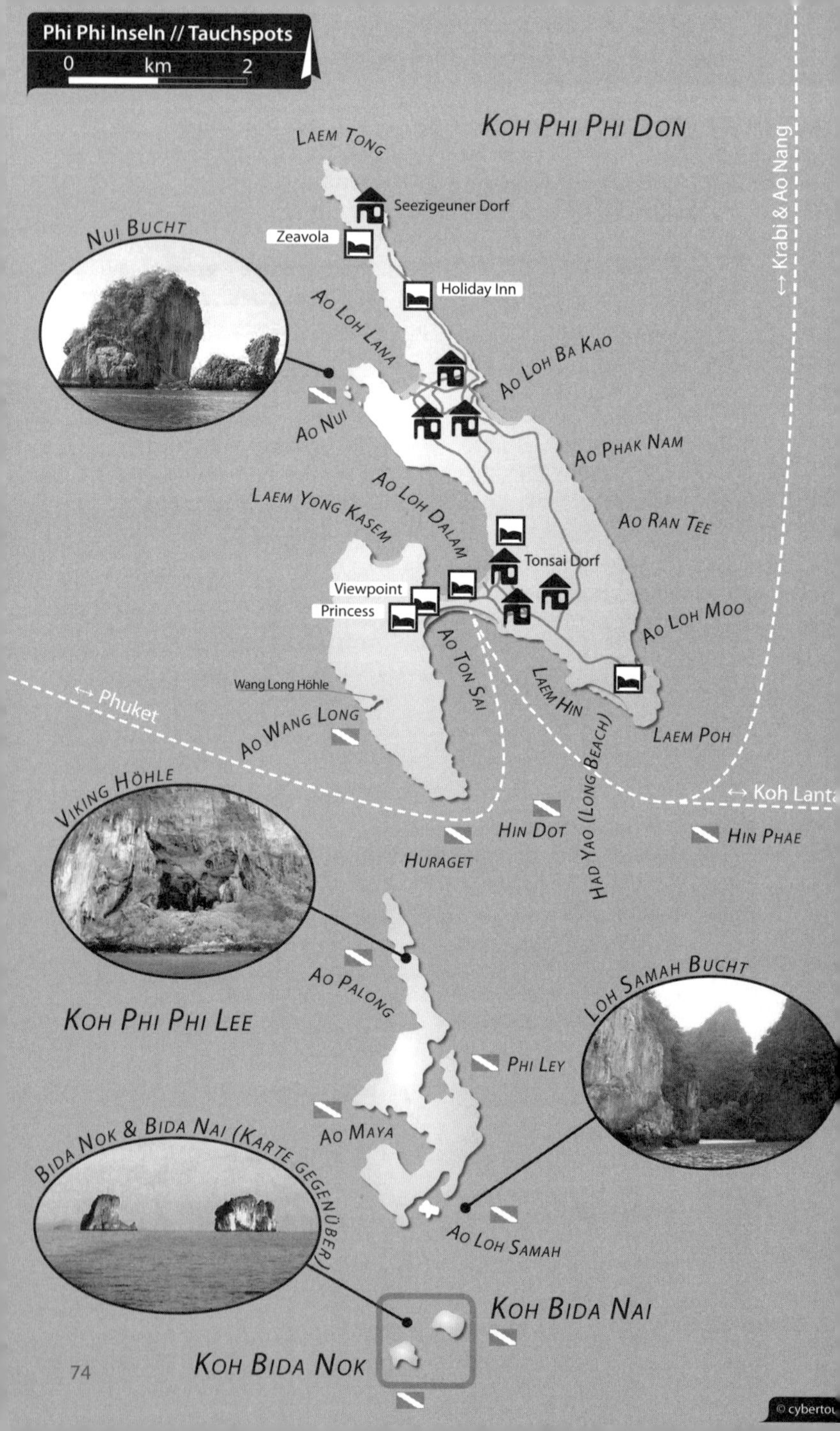
Phi Phi Inseln // Tauchspots
0 km 2
Koh Phi Phi Don
Laem Tong
Seezigeuner Dorf
Zeavola
Holiday Inn
Nui Bucht
Ao Loh Lana
Ao Loh Ba Kao
Ao Nui
Ao Phak Nam
Ao Loh Dalam
Laem Yong Kasem
Ao Ran Tee
Tonsai Dorf
Viewpoint
Princess
Ao Loh Moo
Ao Ton Sai
Wang Long Höhle
↔ Phuket
Laem Hin
Ao Wang Long
Laem Poh
Had Yao (Long Beach)
↔ Krabi & Ao Nang
↔ Koh Lant
Viking Höhle
Hin Dot
Hin Phae
Huraget
Ao Palong
Koh Phi Phi Lee
Loh Samah Bucht
Phi Ley
Ao Maya
Bida Nok & Bida Nai (Karte gegenüber)
Ao Loh Samah
Koh Bida Nai
Koh Bida Nok
© cybertou

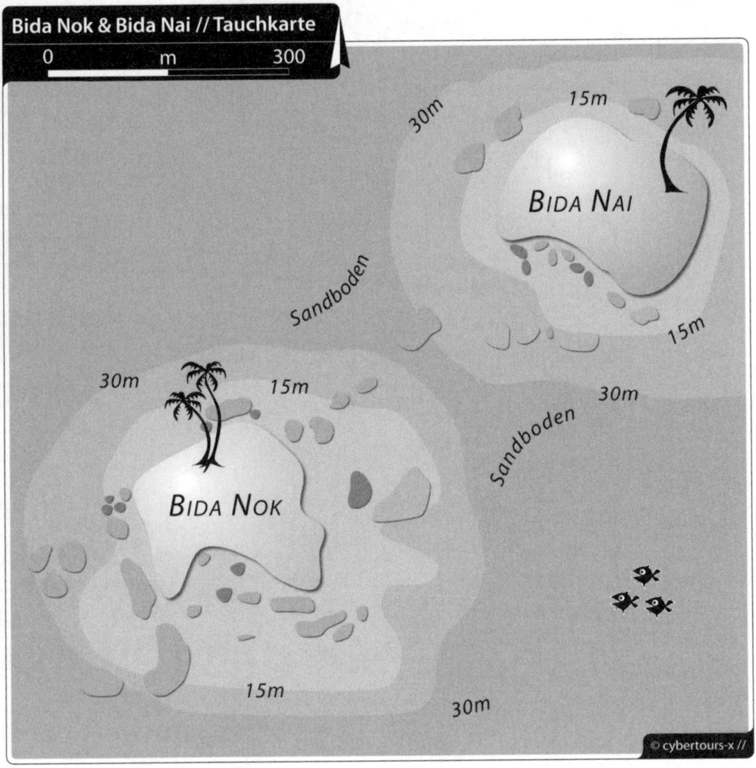

Verkehrsverbindungen

Regelmässige **Fährverbindungen** mit Phuket, Krabi und Koh Lanta.

Die Spots

Die Insel liegt mitten im Haad Nopparattara Mo Koh Phi Phi Nationalpark. Legenden wie ***Shark Point*** sind von hier aus schnell mit dem Boot zu erreichen, die umliegenden Spots heißen ***Palong Wall***, ***Maya Wall***, ***Loh Samah*** oder ***Bida Islands***.

■ **Bida Islands** - die populärsten Tauchplätze sind Bida Nai und Bida Nok. Die abwechslungsreiche Topografie versorgt Sporttaucher mit Höhlen, Überhängen und Steilwänden, die senkrecht bis auf 25 Meter Tiefe fallen. Gorgonien, Weichkorallen aber auch die seltenen Schwarzkorallen sind hier anzutreffen. Der Fischreichtum ist gigantisch, die Strömung gering und die Sichtweite beträgt im Schnitt 10 Meter bis 20 Meter. Mit Glück lassen sich auch Leopardenhai oder Rochen beobachten.

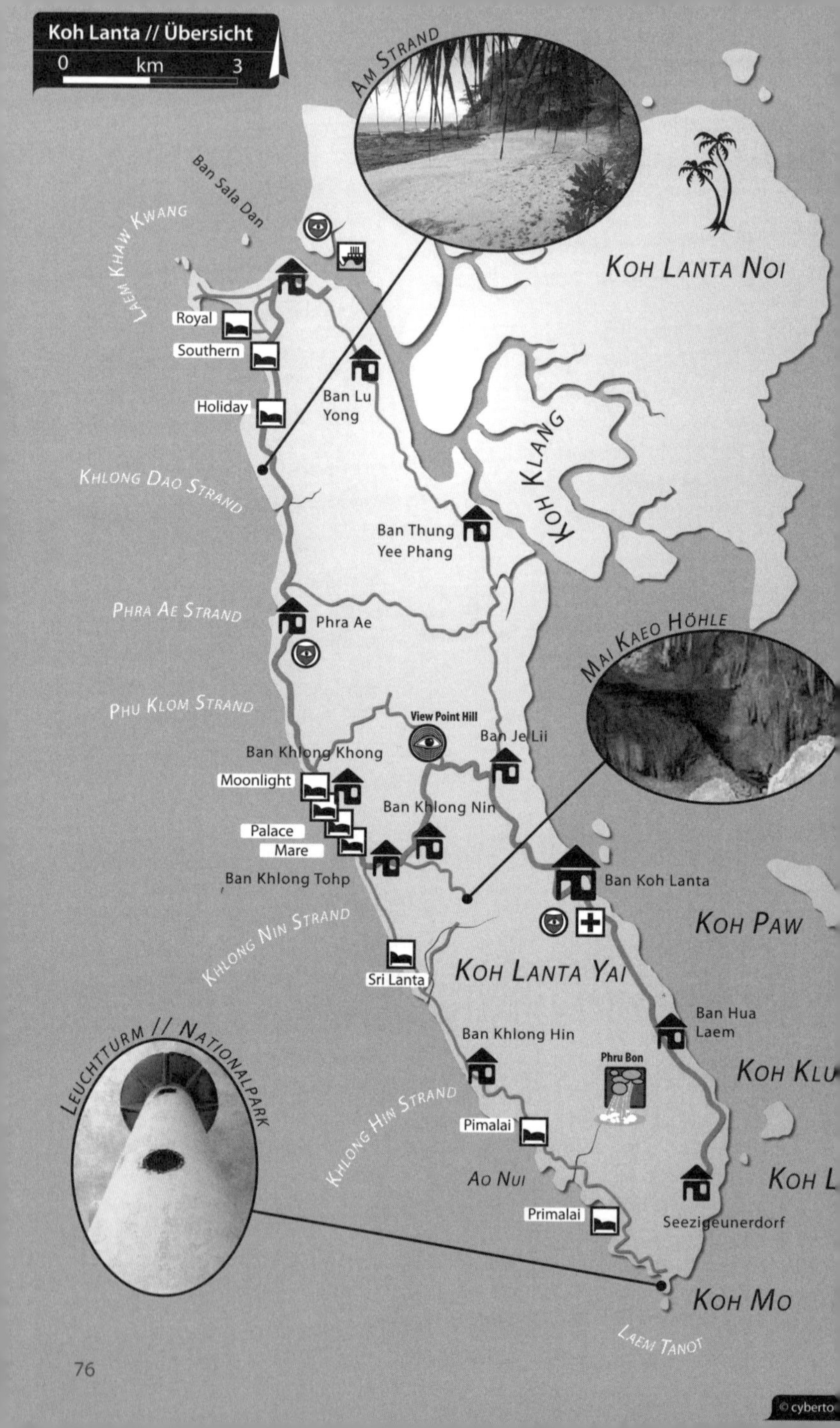

Koh Lanta // Übersicht
0 km 3
Am Strand
Ban Sala Dan
Laem Khaw Kwang
Koh Lanta Noi
Royal
Southern
Holiday
Ban Lu Yong
Koh Klang
Khlong Dao Strand
Ban Thung Yee Phang
Phra Ae Strand
Phra Ae
Mai Kaeo Höhle
Phu Klom Strand
View Point Hill
Ban Je Lii
Ban Khlong Khong
Moonlight
Ban Khlong Nin
Palace
Mare
Ban Khlong Tohp
Ban Koh Lanta
Koh Paw
Khlong Nin Strand
Sri Lanta
Koh Lanta Yai
Ban Hua Laem
Leuchtturm // Nationalpark
Ban Khlong Hin
Phru Bon
Koh Klu
Khlong Hin Strand
Pimalai
Ao Nui
Primalai
Seezigeunerdorf
Koh Mo
Laem Tanot

■ **Koh Yung Pinnacle** - 4 Kilometer nördlich von Phi Phi Don gelegen. Der mit Weichkorallen bewachsene Felsen reicht aus einer Tiefe von 36 Metern bis 6 Meter unterhalb der Wasseroberfläche. Starke Strömungen drängen Novizen und Untrainierte oft an die südöstliche Seite von Koh Yung, wo auch oft Delfine zu beobachten sind.

■ **Hin Pae** - flaches Riff bis 12 Meter Tiefe, auch schwimmend (ca. 200 Meter, westlich von Hin Pae) von Long Beach zu erreichen. Schnorchler können mit Glück auch Schwarzspitzen-Riffhaie beobachten.

■ **Maya Cave** - von Maya Beach oder mit dem Boot zu erreichen. Kulisse für den Film „The Beach", spektakuläre Umgebung. Die Höhle ist nur für Taucher mit entsprechender Ausbildungt geeignet, maximale Tiefe 24 Meter, ideal auch für Schnorchler.

■ **Ao Losama** - perfekte Steilwände, die bis auf 12 Meter bzw. 22 Meter abfallen. Strömungstauchgänge für Anfänger, eine Höhle für Fortgeschrittene und viel Fisch für Schnorchler.

Koh Lanta // Am Strand

Koh Lanta

Die Insel wurde erst in den vergangenen Jahren vom Tourismus entdeckt, als die Hotelanlagen von Phuket und Krabi regelmässig „Booked out!" meldeten. Der ***Tsunami*** von Weihnachten 2004 hat hier kaum Schäden angerichtet, die Infrastruktur und Verkehrsverbindungen sind voll funktionsfähig. Die wilde Schönheit der Insel entdeckt man am besten mit dem Leih-Motorrad: ***Phru Bon*** Wasserfälle, ***Mai Kaeo*** Höhlen, ***View Point Hill***. Für Taucher ist ***Koh Lanta*** bester Ausgangspunkt, um die südlichen Tauchspots im ***Marine Nationalpark*** der Andamanensee zu entdecken.

■ www.lanta-tour.de

■ www.ko-lanta.com

Unterkunft

Im tiefen, wilden Süden der Insel liegen viele günstige Bungalowanlagen in traumhafter Natur, die über Schotterpisten nur schwer erreichbar sind. Die Betreiber verfügen i. d. Regel über geländegängige Fahrzeuge und holen Gäste gern auf Wunsch ab. Waterfall Bay, Marine Park View, Kangtiang Bay oder Bamboo Bay Resort bieten Bungalows von 100 Bt. bis 400 Bt. an.

■ **The Narima**, Klomg Nin Beach, Koh Lanta Yai, Tel. 7560 7700, Fax: 7560 7709, eMail: narima@inet.co.th, www.narima-lanta.com, schöne Lage in Strandnähe.

■ **Seapearl Lanta Cottages**, Koh

Lanta, Tel. 013 - 3221 09, Fax: 076 - 246 051, eMail: seapearllanta@hotmail.com, einfache Bungalowanlage.

■ **Andaman Lanta Resort**, Klong Dao Beach, Koh Lanta, Tel. 075 - 684 200-2, Fax: 075 - 684 203, eMail: andamanlanta@hotmail.com, www.andamanlanta.com, geräumige Bungalows mit AC, Veranda, TV, Dusche mit Heißwasser, Pool, Restaurant.

■ **Palace Koh Lanta**, Koh Lanta Yai, Tel. 075 - 697 123-4, Fax: 075 - 697 124, eMail: lantapalace@kolanta.net, www.lantapalace.com, Strandanlage mit Pool.

■ **Bamboo Bay Resort**, Koh Lanta, Tel. 075 - 618 240, eMail: bamboobay@hotmail.com, www.bamboobay.net, neue Anlage, alle Bungalows haben Meeresblick.

■ **Waterfall Bay Beach Resort**, Koh Lanta, Tel. 075 - 684 489, eMail: reservation@waterfallbaybeach.com, zweigeschossige Holzbungalows.

REISEROUTEN

Essen und Trinken

■ **The Noble House**, Khlong Dao Beach, Tel. 075 - 684 096, eMail: lantanoblehouse@hotmail.com, erstklassige Thaiküche und europäische Gerichte mit Meeresblick, großer Pool, auch BBQ und fangfrischer Fisch am Strand.

■ **Otto Bar & Grill**, Klong Nin, deutsche Küche, Thai-Gerichte und erstklassige Pommes Frites.

■ **Viewpoint Hill**, Bar mit Aussicht, Flyer verkünden regelmässige Parties.

■ **Mofo´s Clubhouse**, Klong Nin, Musik und Tanz. Beliebt sind auch Ozone Bar, Deep Forest oder das Miami.

Was noch

■ **Time for Lime**, Thai-Kochkurse, Klong Dao Beach, Tel. 09 -967 5017, www.timeforlime.net.

■ **Andaman Island Hopping**, Tel. 76 - 248 219, eMail: and@man-island-hopping.de, www.andaman-island-hopping.com, Bootstouren bis nach Langkawi/Malaysia.

■ **Lanta Orchid Nursery**, Lanta Long Beach, Tel. 75 - 684 258, www.lanta-orchidnursery.com, Ausstellung von Orchideen und tropischer Pflanzen.

■ **Lanta Transport Co. Ltd.**, Tel. 075 - 684 121, www.krabiisland.com, Autoverleih, Ausflüge, täglich Minibusse nach Trang und Krabi.

Tauchen & Schnorcheln

■ **Koh Lanta Diving Center**, Tel. 075 - 684065, 09 - 972 4265, www.kolantadivingcenter.com, PADI Kurse, deutsches Management.

■ **Laguna Fun Divers**, Klong Dao Beach, Tel. 09 - 291 4311, www.lagunafundivers.com, Speed Boat für Ausfahrten.

■ **Lanta Diver**, PADI 5 Star Basis, Liveaboards & Bootsausfahrten, Tel. 075 - 684 208, www.lantadiver.com, Skandi-Crew.

■ **Laguna Beach Club**, Koh Lanta, Resort & Dive Center, Klong Dao Beach, Tel. 075 - 684172, eMail:

booking@laguna-beach-club.com.

■ **Go Dive**, Koh Lanta & Krabi, Tel. 075 - 684 320, eMail: info@godive-lanta.com, www.godive-lanta.com.

■ **Scool Divers**, Koh Lanta & Krabi, Tel. 075 - 684 654, eMail: scooldivers@hotmail.com.

Verkehrsverbindungen

Mehrere **Flüge** täglich von Bangkok nach Krabi (ab 1300 Bt. einfacher Flug), von dort regelmässige **Busverbindungen** nach Koh Lanta. Ebenfalls gute Busverbindungen von Phuket. Mit der **Bahn** kann von Bangkok bis nach Trang (ab 931 Bt. 2. Klasse, 1480 Bt. 1. Klasse) gereist werden, von Trang fahren mehrere **Busse** täglich nach Koh Lanta. Ebenfalls viele Agenten in der Khao San Road, die einen direkten **Minibus-Service** anbieten. In der Saison auch **Fährverbindungen** mit Koh Phi Phi.

Die Spots

Tief im Süden, an der Grenze zu Malaysia und Pulau Langkawi, liegt der Koh Tarutao Marine Nationalpark mit der Insel ***Koh Lipe***. Der Archipel gilt als Mekka für Taucher und Schnorchler, die dem Massenbetrieb Phukets entkommen wollen und unberührte Riffe zu schätzen wissen. ***8-Mile Rock,*** so heißt nur einer der vielen Spots in diesem abgelegenen Teil der Andamanensee. Seezigeuner und in zunehmenden Maße Rucksacktouristen bevölkern Koh Lipe und die benachbarten Inseln. Anreise mit der Fähre von Pak Bara (Festland) via Koh Tarutao und Koh Adang. ***Koh Kra***, kleine Nachbarinsel von Lipe, sei auch anspruchsvollen Schnorchlern empfohlen.

■ **Hin Daeng (Red Rock)** - gilt als steilster Drop-Off von ganz Thailand und liegt 50 Kilometer südwestlich von Koh Lanta. Hin Daeng beginnt gut 3 Meter unter der Wasseroberfläche und fällt an der südlichen Riffkante bis auf 60 Meter ab. Schwärme von Barrakudas, Riffhaie und viel Großfisch sind hier zu beobachten, der Spot gelangt regelmässig in die verschiedensten Tauchmagazine und kann schon als Legende bezeichnet werden. Die Sichtweite beträgt zwischen 10 Meter und 20 Meter, teilweise starke Strömungen erfordern etwas Erfahrung.

■ **Hin Muang (Purple Rock)** - liegt wenige hundert Meter von Hin Daeng entfernt. Der Felsen unterwasser wird gerne mit Australiens Ayer´s Rock verglichen, eine gewisse Ähnlichkeit ist durchaus vorhanden. Das Riff ist über 200 Meter lang, das nährstoffreiche, tiefe Blauwasser ist Anziehungspunkt von Walhaien, Mantas, Riffhaien und anderen kapitalen Jägern. Ein unvergesslicher Tauchgang nur für Zeitgenossen mit genügend Erfahrung.

■ **Koh Ha** - eine Inselgruppe von 5 Eilanden, mit dem Boot gut 2 Stunden von Koh Lanta entfernt. Bei unterschiedlichen Tauchtiefen bis maximal 34 Meter bietet Koh Ha

Tauchvergnügen für jedes Level. Die Strömung ist gering, die Sichtweite beträgt zwischen 10 Meter und 25 Meter. Blaupunktrochen, Rotfeuerfische und sogar die seltene Seeschlange sind hier zu beobachten.

- **Koh Ha Nua** - die nördlichste Insel der kleinen Gruppe bietet ganzjähriges Tauchen, bei schlechtem Wetter finden sich hier immer noch geschützte Buchten. Am südlichen Ende von Koh Ha Nua liegt eine kleine Höhle, ebenso abwechslungsreiche Gesteinsformationen.
- **Koh Ha Yai** - populär wegen der „Cathedral", einer großen Höhle im Felsen, die sich nach oben zur Wasseroberfläche öffnet. Ein Aufstieg in der Höhle ist so jederzeit möglich, die Lichtverhältnisse erinnern an die blaue Grotte von Capri. Ein- und Ausstieg liegen auf 16 Meter Tiefe und auf 5 Meter Tiefe.
- **Emerald Cave** - 20 Kilometer südöstlich von Lanta gelegen. Moderate Tiefe bis 12 Meter, Attraktion ist eine 30 Meter lange Höhle, die auch von Schnorchlern durchschwommen werden kann und sich zur Insel hin öffnet. Kalksteinfelsen und geschützte Sandbuchten.
- **Koh Rok Nai & Koh Rok Noi** - 30 Kilometer südlich von Lanta. Ein 15 Meter breiter Kanal trennt die beiden Inseln, 5 bis 12 Meter tief, Schildkröten und bunte Korallengärten, ideal für Novizen.

Koh Tao

Die „Schildkröten-Insel" gilt als Eldorado für Sporttaucher und Rucksacktouristen, man gibt sich entspannt. Im Mai lassen sich in den Gewässern große Walhaie beobachten und Schnorchler finden ebenfalls in geschützten Buchten ihr kleines Paradies. Die Multimedia CD „Explorer Koh Tao" ist kostenlos in vielen Tauchshops in ***Bangkok***, ***Chumphon*** und ***Koh Tao*** erhältlich, z. B. bei **Crystal Dive** oder **Easy Divers**. Herstellung **ACE Marine Images**, www.acemarineinternational.com, eMail: explorer@acemarineinternational.com, Tel. 01 - 079 4675.

Tipp: www.kohtao-online.com

Koh Nangyuan ist eine kleine Nachbarinsel und bietet mit dem ***Nangyuan Island Dive Resort*** eine PADI 5 Star Basis und gepflegte Bungalows für Ruhesuchende. Tel. 077 - 456 088-93, eMail: info@nangyuanisland.com, www.nangyuan.com. Anreise von Chumphon mit dem Lomprayah Catamaran bzw. von Bangkok mit dem Lomprayah V.I.P. Bus via Koh Tao.

Chumphon (Festland) gilt neben ***Suratthani*** als wichtiger Fährhafen für die Anreise nach ***Koh Tao***, ***Samui***, ***Phanghan***. Das Fischerstädtchen hat sich zu einer beliebten Traveller-Enklave entwickelt, auch viele Tauchbasen haben sich hier angesiedelt. Vor der Küste sind neue Spots erschlossen worden, die bei

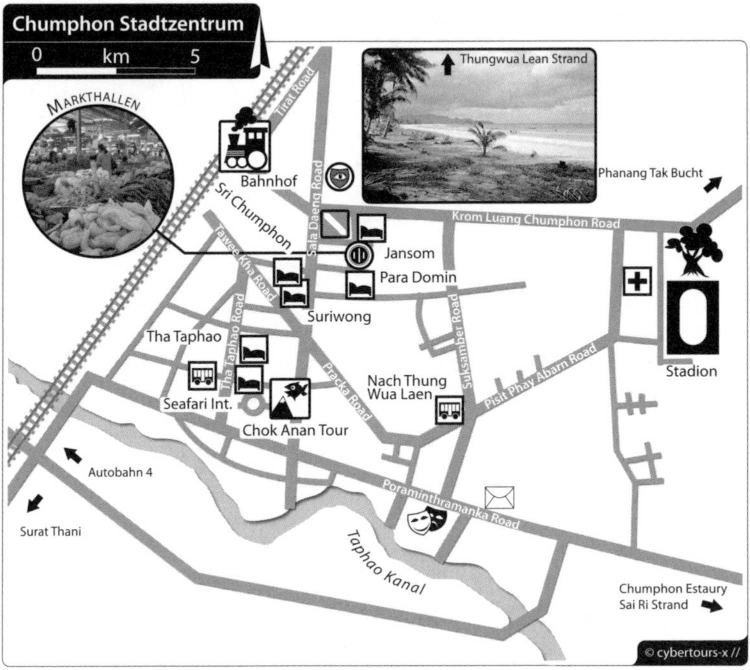

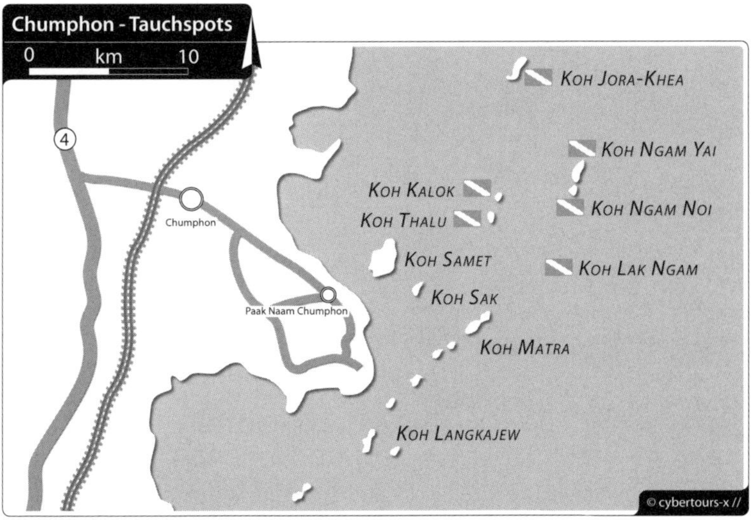

REISEROUTEN

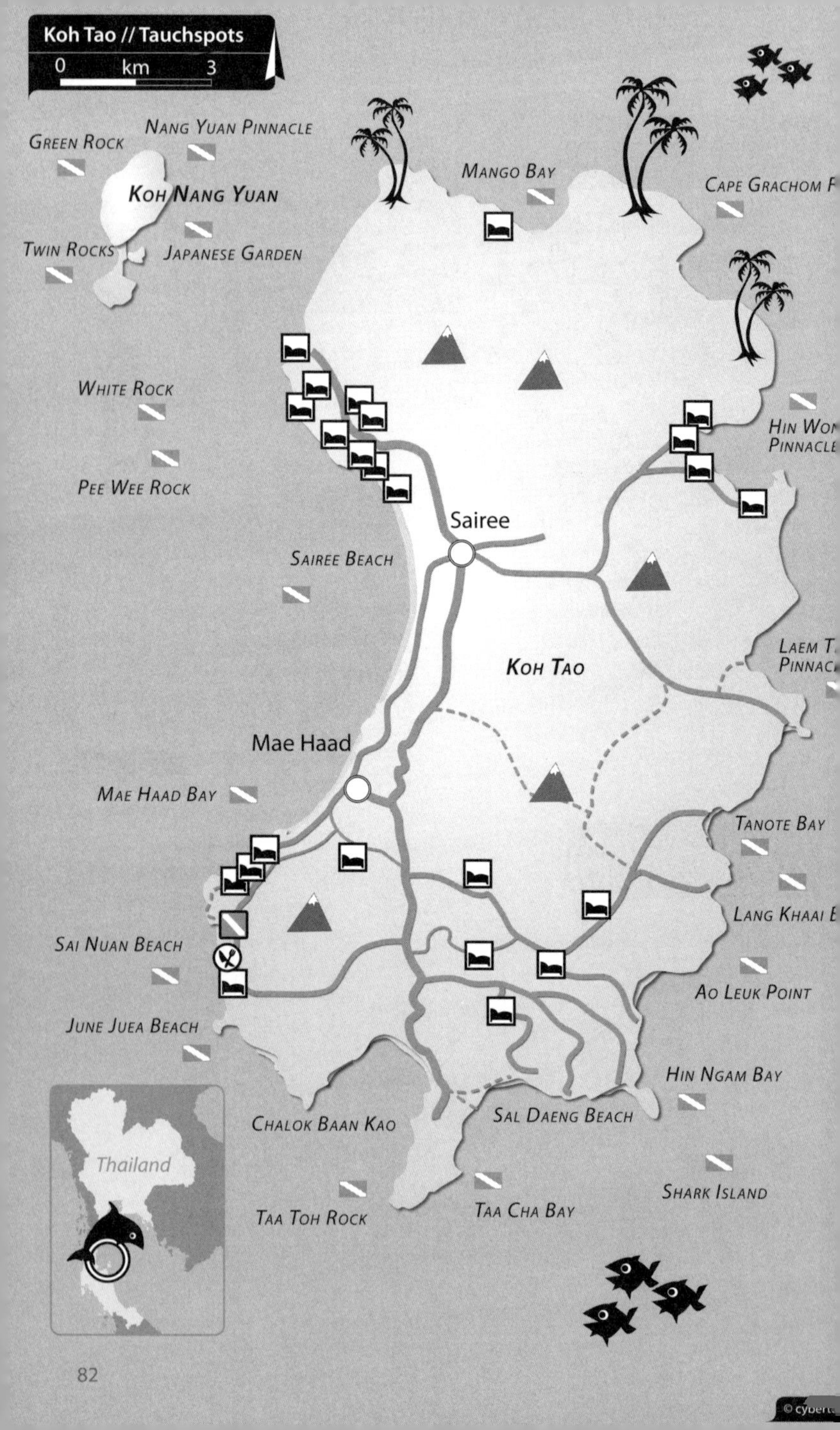
Koh Tao // Tauchspots
0 km 3
Green Rock
Nang Yuan Pinnacle
Koh Nang Yuan
Twin Rocks
Japanese Garden
Mango Bay
Cape Grachom
White Rock
Pee Wee Rock
Sairee
Sairee Beach
Koh Tao
Mae Haad
Mae Haad Bay
Tanote Bay
Lang Khaai
Sai Nuan Beach
Ao Leuk Point
June Juea Beach
Hin Ngam Bay
Chalok Baan Kao
Sal Daeng Beach
Thailand
Shark Island
Taa Toh Rock
Taa Cha Bay

weitem noch nicht so häufig betaucht werden wie jene vor Koh Tao. Ein paar Tage Zwischenstop sind zu empfehlen.

Unterkunft

Übernachtungsmöglichkeiten für jedes Budget konzentrieren sich auf die wichtigsten Strände ***Sairee***, ***Mae Haad*** und ***Chalok Baan Kao***. Hauptsaison ist von Dezember bis März und von Juli bis August. In dieser Zeit können preiswerte Zimmer knapp werden, es empfiehlt sich eine Reservierung.

■ **Koh Tao Cottage**, International Dive Resort, Tel. 077 - 456 134, eMail: divektc@samart.co.th, www.kohtao-cottage.com.

■ **Charm Churee Villa**, Boutique Resort, Jansom Bay, Koh Tao, Tel. 077 - 456 393 - 4, Fax: 077 - 456 475, www.charmchureevilla.com.

■ **Sai Thong Resort**, Sai Nuan Beach, Tel. 077 - 456 476, www.sai-thong.com.

■ **Tommy´s Dive Resort**, zwischen Mae Haad und Sairee Beach, Tel. 077 - 456 039, Fax. 077 - 456 717, eMail: tommy_resort@hotmail.com, www.tommyresort.sytes.net.

■ **Lotus Resort & Siam Scuba Dive Center**, Sairee Beach, Tel. 077 - 456 297 - 8, Fax: 077 - 456 272, www.siamscubadive.com.

■ **Seashell Resort**, Spa & Dive Center, Sairee Beach, Tel. 077 - 456 299, Fax: 077 - 456 271, eMail: seashell_kohtao@hotmail.com, www.kohtaoseashell.com.

■ **Coral Grand Resort**, PADI Gold Palm IDC Resort, Sairee Beach, Tel. 077 - 456 431, Fax: 077 - 456 430, www.kohtaocoral.com.

■ **Koh Tao Resort**, International Dive Resort, PADI 5 Star Center, Pool, verschiedene Preiskategorien für jedes Budget, Tel. 077 - 456 133 - 4, Fax: 077 - 456 419, eMail: divektc@samart.co.th, www.kotaoresort.com.

■ **Sensi Paradise**, Beach Resort, gediegener Komfort für Anspruchsvolle, Tel. 077 - 456 244, Fax: 077 - 456 245, www.sensiparadise.com.

Essen und Trinken

■ **Café del Sol**, Mae Haad, Tel. 077 - 456 578, hausgemachtes Brot und selbstgemachte Pizza, Steaks & Lachs, Frühstück, abwechslungsreiche Weinkarte.

■ **Farango Pizzeria**, Mae Haad, Tel. 077 - 456 205, Original italienische Pizzen, auch Lieferservice.

■ **Balcony Café**, Mae Haad, freitags „All-you-can-eat" Pizza-Party.

■ **Casper Sports Pub**, Mae Haad, Happy Hour 17:00 h bis 20:00 h, Billard, samstags Backgammon-Wettkämpfe.

■ **Aquamarine Beach Grill & Bar**, Mae Haad, Tel. 077 - 456 222, perfekte Sonnenuntergänge & lecker Seafood vom Grill.

■ **Viva El Toro**, Sairee Beach, www.kohtaopizza.com, Pizza & Tex-Mex, Internet, Sport-TV.

■ **Zest Coffee House & Bakery**, Mae Haad, Tel. 077 - 456 178, erstklassiges Frühstück für den perfekten Tagesbeginn.

■ **Thipwimarn Restaurant**, Sairee Beach, Open Air Restaurant auf Hügel mit leckerer Thaiküche und spektakulärem Ausblick.

Party

■ **AC - Party Pub**, Sairee Beach, Dancefloor mit Meeresblick, Klassiker.

■ **ROX Beach Bar**, Sairee Beach, beliebt zum Vorglühen, perfekte Sonnenuntergänge.

■ **Seamonkey Lounge Bar**, Mae Haad, Tel. 077 - 264 2924, kaltes Bier & scharfe Drinks. Happy Hour 17:00 h bis 20:00 h.

■ **The Whitening**, Bar & Restaurant, Mae Haad, Open Air Club, seit 5 Jahren etabliert, House Musik, freitags Party.

■ **Maya Bar**, Sairee Beach, montags und freitags geht´s rund, zum Sonnenuntergang hält jeder Besucher ein Glas Mekong-Whisky in der Hand.

Was noch

■ **Lederhosenbikes**, Mae Haad, Tel. 01 - 7528 994, www.cycling-koh-tao.com, Motorroller auf Stundenbasis, auch Verkauf und große Maschinen. Man spricht deutsch.

■ **MV Sports**, Mae Haad, Tel. 07 - 264 2633, www.mvsports.net, Wassersport wie Wasserski, Hobie Cats, Wakeboard.

■ **BADAL VEDA Diving Medicine Network**, Mae Haad, Tel. 077 - 456 664, Dekokammer und Tauchtauglichkeitsuntersuchung. Siehe auch SSS Recompression Chamber Network Koh Tao, Tel. 077 - 456 572 und 010 - 830 533, europäische Tauchmediziner, Sauerstofftherapie und 24 h Notfallservice, www.sssnetwork.com

■ **B-Books**, Mae Haad, Tel. 077 - 456 369, Zeitschriften, Magazine, gebrauchte und neue Bücher.

Tauchen & Schnorcheln

Tauchschulen schießen wie Pilze aus dem Boden auf Koh Tao. Ein paar Adressen zur Orientierung:

■ **Planet Scuba**, Mae Haad, Koh Tao, Tel. 077 - 45 6110, Fax: 077 - 45 6110, eMail: planet-scuba-kt@planet-scuba.net, www.planet-scuba.net.

■ **Easy Divers**, Mae Haad, Koh Tao, Tel. 077 - 45 6010, Fax: 077 - 45 6321, eMail: kohtao@thaidive.com, www.kohtaoeasydivers.com.

■ **Black Tip**, PADI 5 Star IDC Dive Resort & Watersports Center, Ao Tanote & Mae Haad, Koh Tao, Tel. 077 - 456 488 & 077 - 456 204, eMail: blacktipdiving@yahoo.com, www.blacktipdiving.com

■ **Koh Tao Dive Supply**, Mae Haad, Tel. 077 - 456 162, eMail: info@kohtaodivesupply.com, Tauchshop mit UW-Kameras und Markenware von Suunto, Scubapro und Seac Sub.

■ **Koh Tao Dive Operators Club**, Tel. 077 - 456 753, eMail:

info@kohtaodoc.com, www.kohtaodoc.com

■ **Big Fish PADI 5 Star Gold Palm Resort**, Chalok Baan Kao, Tel. 077 - 456 290, eMail: bryan@bigfishresort.com, www.bigfishresort.com

■ **Green Turtle Diving**, Mae Haad & Sai Nuan Beach, Tel. 077 - 456 739, eMail: greenturtlediving@yahoo.com, www.greenturtlediving.net

■ **Coral Grand Divers**, Tel. 077 - 456 431 - 3, eMail: info@coralgranddivers.com, www.kohtaocoral.com

■ **The Divers Emporium**, Mae Haad, Equipment & Service, Tel. 077 - 456 111, Fax: 077 - 456 194, eMail: emporium@loxinfo.co.th, www.the-divers-emporium.com

■ **Scuba Revolution**, Mae Haad, Zubehör & Ausrüstung, Tel. 077 - 456 782, eMail: samuirifle@hotmail.com, 7 Tage geöffnet.

■ **Ban´s Diving Resort**, Sairee Beach, Tel. 077 - 456 466, eMail: bans@amazingkohtao.com, PADI 5 Star Centre, mehrsprachige Kurse.

■ **New Way Diving**, Sairee Beach, Tel. 077 - 456 527 - 8, eMail: info@newwaydiving.com

■ **Scuba Junction**, PADI 5 Star Centre, Tel. 077 - 456 164, eMail: info@scuba-junction.com, www.scuba-junction.com

Tauchen bei Koh Tao

Verkehrsverbindungen

Nachtzüge aus Bangkok (Hua Lamphong Station) erreichen Chumphon zu der unchristlichen Zeit von 4:00 h in der Frühe. Das erste Boot nach Koh Tao startet erst gegen 10:00 h, so dass noch genug Zeit für ein ausgiebiges Frühstück bleibt. Ebenfalls mehrere **Busse** nach Chumphon und Suratthani sowie organisierte **Minibusse** von der Khao San Road. Regelmässige **Flugverbindungen** Chumphon - Bangkok.

■ **Lomprayah High Speed Catamaran**, www.lomprayah.com, eMail: lomprayah@andamanprincess.com, Tel. 077 - 247146. Schnelle Verbindung zweimal täglich nach Chumphon (Festland) und nach Koh Phangan / Koh Samui, etwa 1:30 h Fahrzeit. Mit dem Koh Tao Cruiser erreicht man ebenfalls Chumphon: Abfahrt 10:30 h, Ankunft 13:15 h, Ankunft in Bangkok dann um 20:30 h. Tel.: 077 - 456 064.

■ **Abfahrtszeiten Koh Tao - Chumphon**: Ekawin Speed Ferry 10:30 h, Koh Tao Cruiser 10:30 h, Lomprayah Catamaran 10:00 h und 15:00 h, Songserm Express Boat 14:30 h, Ko Jaroen Car Ferry (nur dienstags, donnerstags und samstags) 23:00 h, Night Boat 22:00 h.

■ **Abfahrtszeiten Koh Tao - Koh Samui**: Lomprayah Catamaran 9:30 h und 15:00 h, Phangan Cruises 9:30 h, Prah Yai Speed Ferry 14:30 h, Songserm Express Boat 10:00 h, Slow Boat 9:30 h.

REISEROUTEN

■ **Koh Tao - Koh Phangan**: Koh Tao Express 15:30 h, Lomprayah Catamaran 9:30 h und 15:00 h, Phangan Cruises 9:30 h, Prah Yai Speed Ferry 14:30 h, Slow Boat 9:30 h.

■ **Koh Tao - Suratthani**: Songserm Express Boat 10:00 h, Night Boat 20:30 h.

■ **Koh Tao - Koh Nangyuan**: Bootsverkehr um 10:30 h, 15:00 h, 18:00 h.

■ **Bangkok Airways** Tel. 077 - 456 229.

Die Spots

Koh Tao bietet allein über 25 verschiedene Tauchplätze für alle Tauchfertigkeiten.

■ **Japanese Gardens** - Hart- und Weichkorallenformationen, maximale Tiefe 14 Meter, Sichtweite rund 15 Meter, viele tropische Fischschwärme, Ausbildungsspot.

■ **Red Rock (Shark Island)** - 1 Kilometer südöstlich von Koh Tao, maximale Tiefe 28 Meter, Sichtweite je nach Jahreszeit zwischen 5 und 30 Metern, für Anfänger (OWD) geeignet, Weichkorallen und Felsforma-

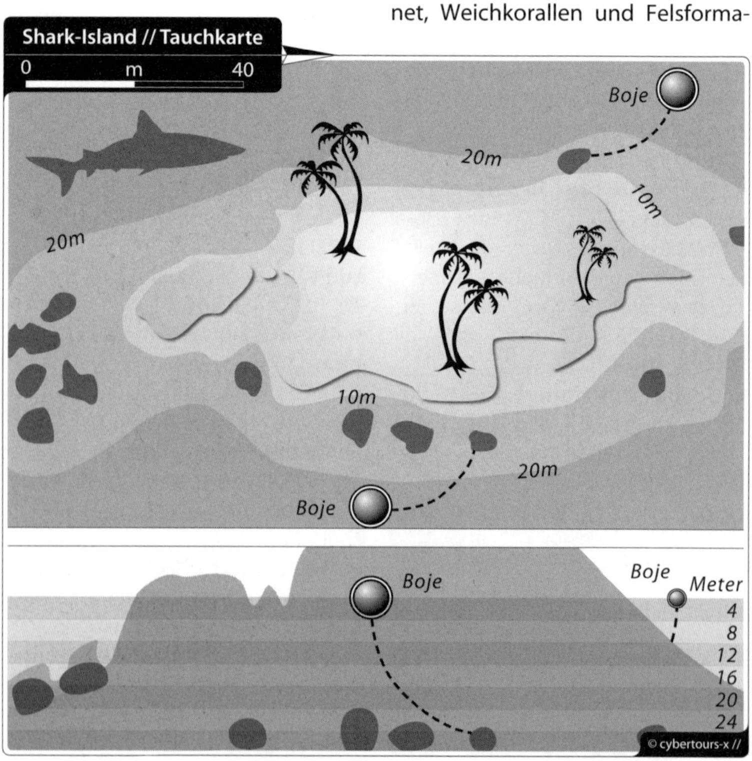

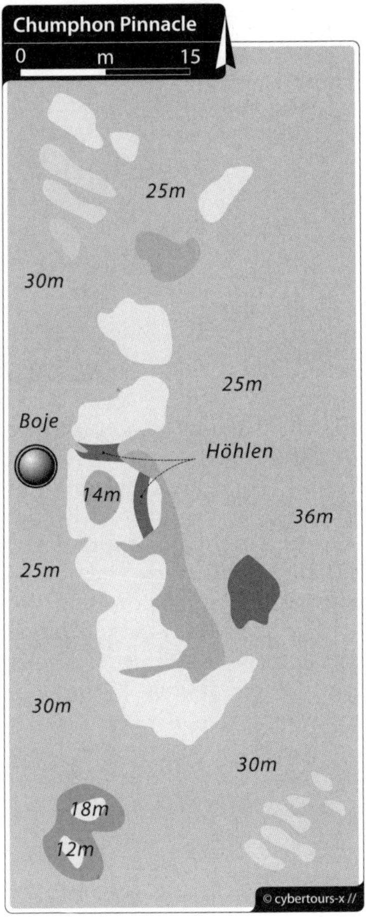

tionen, Schildkröten und Barrakudas, Leoparden- und Riffhaie. Die abwechslungsreiche Topographie bietet ideale Ausbildungsbedinungen, auch Nachttauchgänge und Schnorchelfahrten werden hier gerne durchgeführt. Shark Island liegt gleich südöstlich von Koh Tao und gilt als einer der beliebtesten Tauchplätze hier.

■ **Chumphon Pinnacle** - 6 Kilometer nordöstlich von Koh Nangyuan, maximale Tiefe 36 Meter, Sichtweite 15 bis 30 Meter, für Fortgeschrittene (AOWD) geeignet. Das Riff befindet sich gut 11 Kilometer nordwestlich von Koh Tao, der Spot hat einen guten Ruf. Im Gegensatz zu Sail Rock beginnt die Felsformation erst 14 Meter unterhalb der Wasseroberfläche und fällt dann ab bis auf 36 Meter. Seeanemonen und Barrakudas sind häufig zu beobachten, die Attraktion sind aber Walhaie und Mantas!

■ **Twins** - zwei Felsformationen westlich von Koh Nangyuan gelegen. Die Granitfelsen reichen von 6 Meter Tiefe bis auf 18 Meter Tiefe, auch die geringe Strömung trägt zu idealen Trainingsbedingungen bei. Blaupunktrochen, Muränen und Trompetenfische sind häufige Begleiter bei Tauchgängen. Makro-Fotografen finden hier alle erdenklichen Motive, es gibt natürlich auch wieder Seeanemonen und Hartkorallen zu entdecken.

Koh Tao // Jansom Bay

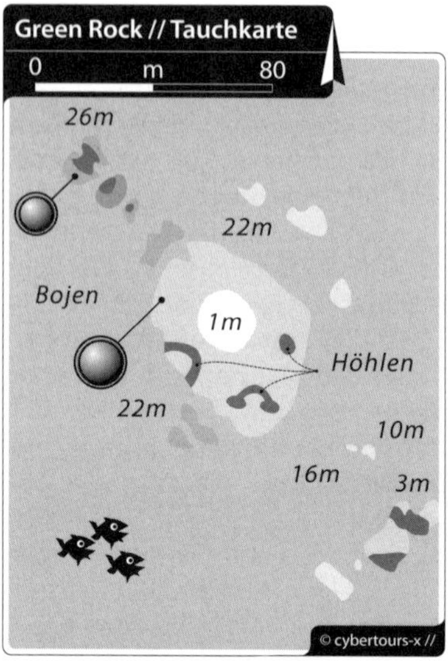

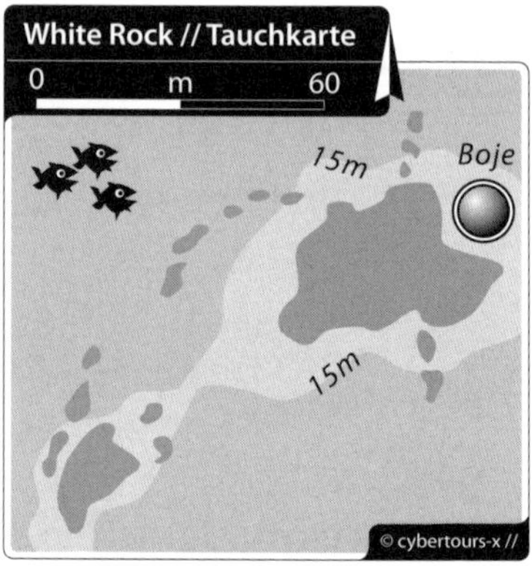

■ **Green Rock** - westlich von Koh Tao gelegenes Riff. Die Sichtweite beträgt zwischen 8 Meter und 25 Meter, die Strömung ist moderat. Kleine Tunnel und Höhlen sind zu durchtauchen, ebenso sind Schildkröten und kapitale Tropenfische zu beobachten. Der Felsen ist mit bunten Hart- und Weichkorallen bewachsen und reicht von etwa 1 Meter Tiefe bis hinab auf 28 Meter. Schhnorchler und Anfänger können sich hier also ebenso vergnügen.

■ **Nangyuan Pinnacle** - das Riff gehört zur 250 Meter nordwestlich von Koh Tao gelegenen Insel Koh Nangyuan. Kristallklares Wasser und weiße Sandstrände machen Exkursionen zum Vergnügen. An der Ostseite von Nangyuan liegt diese Gesteinsformation, die leicht schwimmend zu erreichen ist. Etwa 1 Meter unter

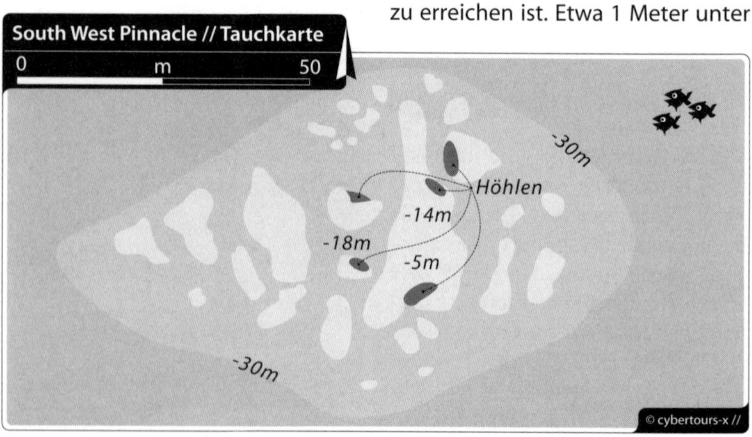

der Wasseroberfläche beginnt die Spitze des Granitfelsens, maximale Tiefe ist 16 Meter. In etwa 8 Meter Tiefe können kleine Höhlen und Vertiefungen durchtaucht werden. Der Korallenbewuchs ist üppig, ebenso sind bunte Fischschwärme vertreten. Die Sichtweite beträgt bis zu 20 Meter. Ideal auch für Schnorchler.

- **White Rock** - Steilwände und Canyons, Tiefe bis 22 Meter. Der Spot wird gern als zweiter Tauchplatz bei Tagesausflügen angefahren, da Mae Haad nicht mehr weit ist. Viele Tauchergruppen, auch Ausbildung. Trevor, ein angriffslustiger Trigger, knabbert hier gerne an Flossen und Maskenbändern von Tauchern herum. Der Fisch hat es sogar schon als Motiv auf viele T-Shirts gebracht.
- **Southwest Pinnacle** - 7 Kilometer südwestlich von Koh Tao. Drei Felsen, die von Canyons durchzogen sind. Die abwechslungsreiche Topografie und Tauchtiefen von 33 Metern machen den Spot zu einem beliebten Tagesziel vieler Tauchschulen. Mit Glück sind auch kapitale Thunfische, Schnapper und Zackenbarsche auszumachen.
- **Koh Lak Ngam** - etwa 15 Kilometer nordöstlich von Chumphon gelegen. Die Insel ist nur eine von über 40 Eilanden, die alle zum Chumphon National Marinepark gehören. Viele Tauchplätze sind noch nicht erschlossen. Das Riff fällt an der Südseite schnell auf 25 Meter ab, an der nördlichen Kante bis auf 16 Meter. Saisonbedingt ist ebenfalls der Walhai zu beobachten.

Koh Samui & Koh Phangan

Koh Samui wurde in den 80er Jahren von Rucksacktouristen entdeckt, heute findet sich Chaweng Beach auch in vielen Reisekatalogen wieder. So sind ***Chaweng*** und ***Lamai Beach*** auch beliebte Ziele von Asien-Neulingen und Honeymoonern geworden. Der Schönheit der Insel tut das keinen Abbruch, Hochhäuser oder Hotelburgen sucht man hier vergeblich. Individualisten steigen dagegen bevorzugt an einem der nördlichen Strände ab, wobei ***Maenam*** oder ***Big Buddha Beach*** zu den beliebtesten gehören. Pickups verkehren auf dem Kreisverkehr rund um die Insel und die Fahrer künden mit lautem Rufen ihre Ziele an: *„Lamai, Lamai, Lamai - Chaweng, Chaweng, Chaweng!"*.

Koh Samui // Lamai Beach

REISEROUTEN

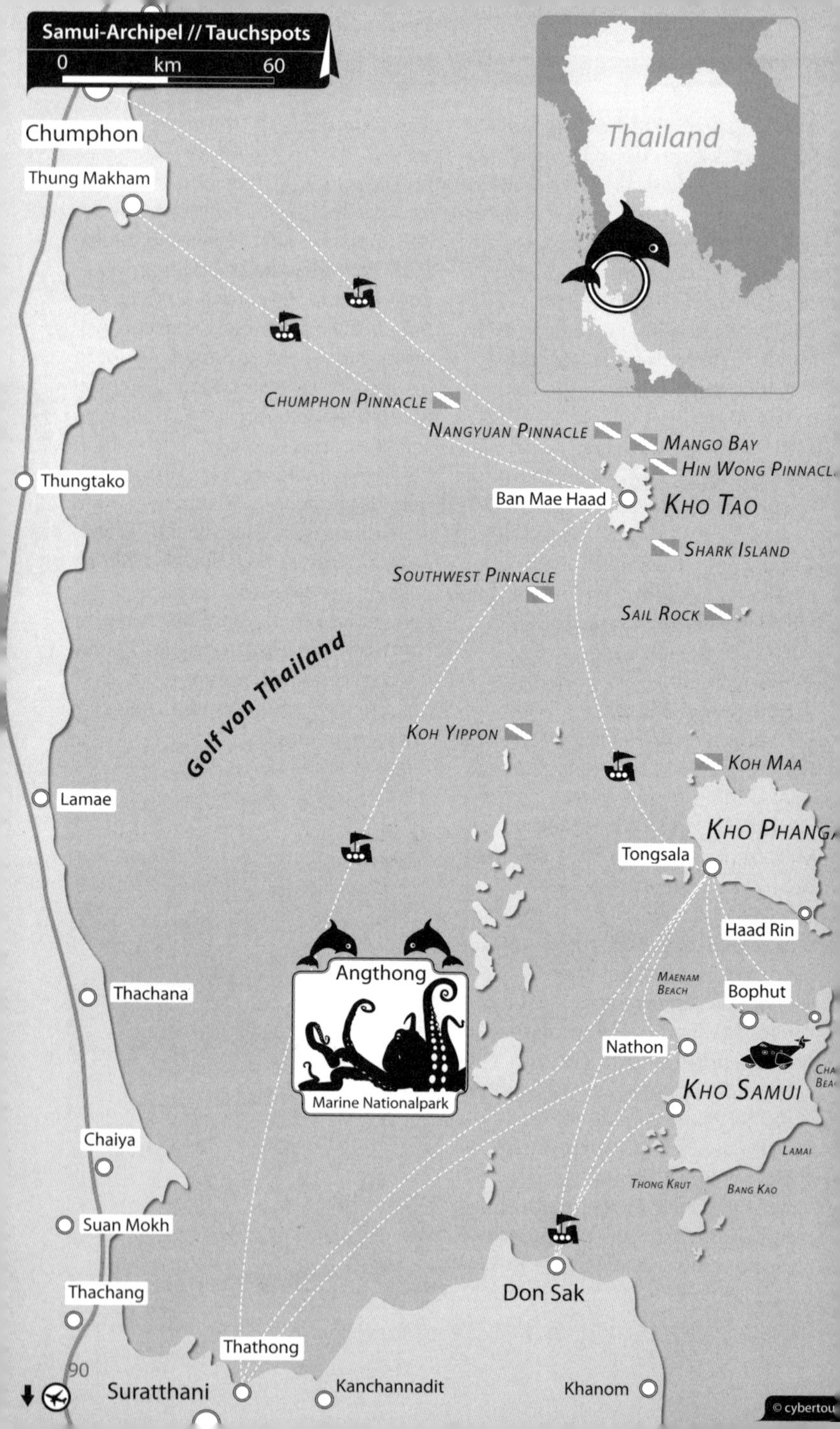
Samui-Archipel // Tauchspots
0
km
60
Thailand
Chumphon
Thung Makham
Chumphon Pinnacle
Nangyuan Pinnacle
Mango Bay
Hin Wong Pinnacl
Thungtako
Ban Mae Haad
Kho Tao
Shark Island
Southwest Pinnacle
Sail Rock
Golf von Thailand
Koh Yippon
Koh Maa
Lamae
Kho Phang
Tongsala
Haad Rin
Angthong
Marine Nationalpark
Maenam Beach
Bophut
Thachana
Nathon
Kho Samui
Chaiya
Lamai
Thong Krut
Bang Kao
Suan Mokh
Don Sak
Thachang
Thathong
Suratthani
Kanchannadit
Khanom
© cybertou

Koh Phangan ist Anlaufstelle für Individualtouristen. ***Haad Rin Beach*** zählt zu einer weltweit bekannten Partymeile, die Vollmondparties sind berüchtigt. Zu sattem Sound raven dann knapp bekleidete Goa-Jünger zu Lande und zu Wasser, nicht selten sind Drogen im Spiel. Bereits Mitte der 90er Jahre wollten die thailändischen Behörden dem Treiben ein Ende bereiten, komplette Polizeitrupps wurden während einer Party per Hubschrauber aus Suratthani eingeflogen. Überraschte Raver sahen sich plötzlich von Scheinwerfern geblendet, die Taschen gefilzt. Sogar unbeschwerte LSD-Sitzungen in abgelegenen Hütten wurden aufgelöst, ein bitteres Erwachen im Knast von Suratthani ließ manch bunten Farbenrausch triste enden.

- www.chaweng.com
- www.samui.org
- www.kohphangan.com

Unterkunft

Unterkunft auf Koh Phangan auch unter www.phanganislandguide.com. Während der Fullmoon-Party ist am Haad Rin Beach nahezu alles ausgebucht, routinierte Partylöwen reisen 3 bis 4 Tage vorher an.

- **Beers House Beach Bungalow**, Lamai Beach, Koh Samui, Tel. 077 - 230 467, Restaurant mit leckerer Thai-Küche und Westfood, Bungalows ab 350 Bt., direkt am Wasser etwas teurer. Empfehlenswerte Anlage.
- **Charlie´s Huts**, Chaweng Beach, Koh Samui, Budget-Unterkunft am sonst eher teureren Strand, Bungalows ab 400 Bt..
- **Maenam Beach Huts**, Maenam Beach, Koh Samui, Old-Style mit einfachen Holzhütten und Restaurant, nette Crew, Billard, Bungalows ab 200 Bt..
- **Rasta Bay**, Bophut Beach, Koh Samui, Bungalows ab 250 Bt..
- **Smile Bungalows**, Bottle Beach, Koh Phangan, Tel. 01 - 780 2881, großzügige Bungalows, gute Küche, nette Crew, Bungalows ab 300 Bt..
- **Laid Back Bungalows**, Haad Rin Beach, Koh Phangan, Old-Style Holzhütten, mit Gemeinschaftsbad ab 150 Bt., nette Crew, saubere Anlage, ebenfalls mehrere andere Bungalowanlagen in ähnlicher Preiskategorie.
- **Starlight Resort**, Haad Rin Beach, Koh Phangan, schöne Hütten am Strand ab 150 Bt., freundlich, sauber, ein Tipp.

Koh Samui

REISEROUTEN

Essen und Trinken

Bophut Beach auf Koh Samui gilt als bester Spot für leckere und doch preiswerte Restaurants.

■ **Blue Samui Restaurant**, Koh Samui, Chaweng Beach, Seafood bester Güte zu moderaten Preisen.

■ **El Dorado**, Koh Samui, Lamai Beach, freitags „All-you-can-eat" BBQ.

■ **The Lucky Monkeys**, Koh Samui, Maenam Beach, indische Curries.

■ **Happy Elephant**, Koh Samui, Bophut Beach, Seafood & Meeresfrüchte - yummie, yummie.

■ **La Baya**, Koh Samui, Bophut Beach, gute Pizzen.

Party

„Lamai, Lamai - bis fünfe dabei". So hieß es noch in den 80er Jahren. Kneipen und Discos gibt´s immer noch genug, routinierte Nachteulen empfehlen Klassiker wie Reggae Pub (Chaweng), Bauhaus (Lamai) oder Green Mango (Chaweng Beach). In den so genannten „Girlie-Bars" warten umgebaute und wirkliche Mädchen auf unterhaltsame und zahlungskräftige Kundschaft.

■ **Secret Garden**, Koh Samui, Big Buddha Beach, Pub, sonntags jeden Nachmittag Livemusik, hier spielten schon Legenden.

■ **CoCo Blues Company**, Koh Samui, Chaweng Beach, Tel. 077 - 41 4354, www.cocobluescompany.com, Restaurant mit täglicher Livemusik. Auch Mitveranstalter des Samui Blues and World Music Festivals; es spielen rund 42 Bands an 10 Tagen.

■ **Mintbar**, Koh Samui, Chaweng Beach, www.mintbar.com, angesagter Club mit internationalen DJs.

Tipp: www.kohphangan.sawadee.com/fullmoonparty.html

Was noch

■ **Sawang Optical**, Chaweng Beach Road, Koh Samui, Tel. 077 - 422 285, eMail: sawangopt@hotmail.com, www.sawangoptical.com, Taucheruhren, Sonnenbrillen, Brillenfertigung.

■ **Hyperbaric Services Thailand**, Dekokammer & Erste Hilfe bei Tauchunfällen, Tel. 077 - 427 427, eMail: samui@sssnetwork.com, www.sss-network.com.

■ **Sailing Koh Samui**, Tel. 077 - 23 06 02, Fax: 077 - 23 12 47, eMail: info@sailingkohsamui.com, www.sailingkohsamui.com

■ **Samui Ocean Sports**, Tel. 01 - 94 01 999, eMail: kunta@samuiyachting.com, www.samui.sawadee.com/oceansports

■ **Blue Stars Kayaking**, Koh Samui, Tel. 077 - 41 32 31, Fax: 077 - 23 04 97, eMail: info@bluestars.info, www.bluestars.info

■ **Coco Sailing**, Koh Samui, Tel. 077 - 43 0404, www.samuiyachting.com.

Tauchen & Schnorcheln

■ **Planet Scuba**, Chaweng Beach, Koh Samui, Samui International Diving School, Tel. 7742 2386, Fax: 7723 1242, eMail: planet-scuba-kt@planet-scuba.net, www.planet-scuba.net, PADI CDC Center.

■ **Coral Grand Divers**, Koh Samui, Tel. 077 - 414 334 - 6, eMail: info@coralgranddivers.com, www.coralgranddivers.com.

■ **Chaloklum Diving**, Koh Phangan, Tel. 077 - 374025, www.chaloklum-diving.com.

■ **Lotus Diving**, Koh Phangan, Chaloklum, Tel. 077 - 374 142, Fax: 077 - 374 097, eMail: lotus_diving@yahoo.com, www.lotusdiving.com.

■ **Phangan Divers**, Koh Phangan, Tel. 077 - 375 117, eMail: info@phangandivers.com, www.phangandivers.com, PADI Standards, IDC´s, 5 Star Basis, Nitrox, Wracktauchen & Specials.

■ **Aquademia Dive Centre**, Bophut Pier, Koh Samui, Tel. 077 - 427 203, 01 - 091 0107, www.aquademiadive.com, PADI Ausbildung, kleine Gruppen.

■ **Discovery Dive Centre**, Chaweng Beach, Koh Samui, Tel. 077 - 413 196, www.discoverydivers.com, SSS Hyperbaric Chamber Member, PADI Standards.

■ **Captain Caveman**, Chaweng Beach, Koh Samui, Tel. 077 - 422 215, www.samuireef.com, PADI 5 Star Basis mit modernen Tauchbooten.

■ **Pro Divers**, Koh Samui, Tel. 077 - 233 399, eMail: info@prodivers.nu, www.prodivers.nu, PADI 5 Star Basis, skandinavisches Management.

■ **Dive Indeep**, Chaweng Gardens Beach Resort, Koh Samui, Tel. 077 - 230 155, eMail: indeep@samart.co.th, www.diveindeep.com, PADI 5 Star Basis, auch tägliche Schnorchelfahrten.

■ **Mui Divers**, Lamai Beach, Koh Samui, Tel. 077 - 232 160, eMail: info@muidivers.com, www.mui-divers.com, tägliche Tauch- und Schnorchelfahrten, PADI Standards, deutschsprachige Crew.

Verkehrsverbindungen

Fast stündliche **Flugverbindungen** täglich von Koh Samui nach Bangkok, Krabi, Phuket und Singapur mit Bangkok Airways, einfache Flüge ab 3500 Bt. (Hin- und Rückflug 6500 Bt., der erste und der letzte Flug des Tages ist meist ermässigt). Tel. 02 - 265 555, Flughafensteuer 400 Bt.. Stündliche **Fährverbindungen** (Raja Ferry Suratthani - Nathon) mit Suratthani u. Don Sak (Festland) von Nathon (Koh Samui) sowie Thongsala (Koh Phangan). Von Suratthani fährt die **Seatrans Ferry** für 370 Bt. am schnellsten direkt nach Koh Phangan. Haad Rin Beach auf Koh Phangan wird von Bophut Beach und Big Buddha Beach auf Koh Samui auch direkt angesteuert, andere Fähren verkehren zwischen Nathon und Thongsala. Via Thongsala erreicht man auch Koh Tao, ebenso moderne **Direktboote** wie Lompraya-Katamaran (550 Bt.) mit **Pickup-Service** in den Hotelanlagen (Abfahrt Maenam Beach). Von Nathon auf Samui fahren auch Boote in den Ang Thong Nationalpark. Auf Samui verkehren **Pickup-Transporter**, die über eine Kreisstraße die Strände miteinander verbinden. **Motorroller** lassen sich ab 150 Bt. pro Tag mieten. Abgelegene Strände auf Koh Phangan werden mit dem **Taxiboot** angesteuert. Von Suratthani hat man Anschluss an die **Busse** nach Bangkok, Krabi oder Phuket. Nach Bangkok ist man einschließlich Fähre rund 14 Stunden unterwegs, Fahrpreis von Samui komplett rund 450 Bt.. Busse in Bangkok fahren i. d. Regel um 19:00 h ab und erreichen Suratthani am nächsten Morgen. **Achtung!** Diebstähle und Verabreichung von K.O.-Tropfen in diesen Nachtbussen sind keine Seltenheit.

Sail Rock - Tauchkarte

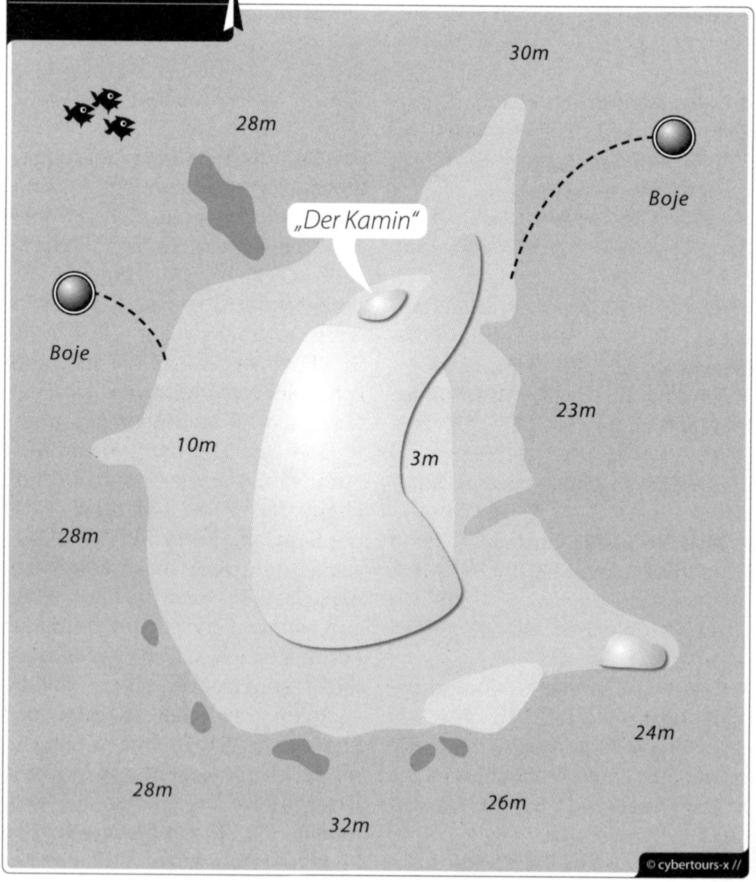

Nachtzüge mit Liegebetten fahren zwischen 17:00 h und 19:00 h von Bangkoks Hua Lamphong Station nach Suratthani ab 650 Bt. (1. Klasse ab 1150 Bt.), der Transfer nach Koh Samui mit Bus und Fähre kostet rund 180 Bt.. Die Züge sind komfortabel und verfügen auch in der 2. Klasse über bequeme Betten, die durch Vorhänge vom Gang abgetrennt sind. Gepäck im Auge behalten.

Die Spots

Koh Samui ist nicht gerade ein Eldorado für Taucher, auch wenn hier viele Tauchschulen zu finden sind. Die sandige Küste eignet sich eher für Ausbildungs- und Trainingstauchgänge, aufregendere Tauchplätze sind mindestens eine Bootsstunde entfernt. Auf ***Koh Phangan*** eignen sich die Strände im Nordwesten am besten zum Schnorcheln und Schwimmen.

■ **Ao Chaweng** - Chaweng Beach, maximal 7 Meter tiefes Riff, in wenigen Minuten schwimmend vom Chaweng Garden Restaurant aus zu erreichen. Oft schlechte Sicht, trotzdem beliebt bei Schnorchlern.

■ **Sail Rock** - 32 Kilometer nördlich von Samui, bekanntester Tauchspot im Archipel. Die Sichtweite beträgt zwischen 10 und 30 Metern, der Spot ist geeignet für Anfänger bis Fortgeschrittene. Der Felsen befindet sich 45 Kilometer nördlich von Koh Samui, ungefähr in der Mitte zwischen Koh Tao und Koh Phangan. Im Mai sind hier die berühmten Walhaie zu beobachten, ebenfalls gehören Barrakuda-Schulen und tropische Fischschwärme zum Inventar. Auch wenn manchmal gelästert wird, dass hier an manchen Tagen mehr Tauchboote als Fische anzutreffen sind, gilt Sail Rock doch als einer der besten Spots im Golf. Attraktion ist der „Chimney", eine Art vertikale Felsröhre, die bei 18 Metern beginnt. Auf 12 Meter folgt ein Loch im Fels, hier kann bei Bedarf bereits wieder ausgetaucht werden. Das Ende der Röhre liegt bei 6 Meter unter der Wasseroberfläche, wo rosafarbene Anemonen und Fischschwärme den Taucher erwarten. Die Lichtverhältnisse sind fantastisch, ein Durchtauchen der kompletten Felsröhre ist mit Sicherheit ein Erlebnis. An der Steilwand von Sail Rock finden sich auch auf 12 Meter Tiefe verschiedene Trainingseinrichtungen für die Ausbildung.

■ **Koh Yippon** - westlich von Koh Phangan im Angthong National Marinepark gelegen. Dieser schöne Archipel mit über 50 Inseln spielt in dem Roman „The Beach" eine tragende Rolle. Trotzdem die Sichtweiten hier zumeist etwas schlechter sind als anderswo sind Tagesausflüge und Schnorchelfahrten sehr beliebt. Die Südsee-Atmosphäre trägt mit Sicherheit zu einem lockeren Tauchtag bei. Koh Yippon ist entspannt zu betauchen oder mit dem Schnorchel zu entdecken, die Tauchtiefe beträgt zwischen 4 Meter und 16 Meter. Zu beobachten sind kleine Rochen, Muränen, Weichkorallen und tropische Fischschwärme. Kleine Höhlen im Flachwasserbereich können ebenfalls erkundet werden.

■ **Koh Ma** *(Karte auf Seite 105)* - kleine Insel mit Beach Resort westlich von Koh Phangan. Der Flachwasserbereich beginnt bereits bei 1 Meter Wassertiefe, die maximale Tiefe liegt bei 20 Metern. Ideale Bedingungen für Schnorchler und Ausbildung. Koh Maa kann ganzjährig betaucht werden, auch wenn andere Spots wetterbedingt nicht mehr angefahren werden können. Der Fischreichtum ist reichhaltig, es können Riffhaie, Barrakudas, Rochen, Zackenbarsche und Schnapper beobachtet werden. Die flachen und geschützten Buchten bieten auch Seeanemonen und ganze Korallengärten auf. Eine Sandbank lädt zum Entspannen nach bestandenem Unterwasserabenteuer.

■ **Samran Pinnacle** - 19 Kilometer nördlich von Koh Phangan. Tiefe Tauchgänge (33 Meter) und je nach Saison Strömungstauchgänge möglich. Schnapper, Barrakudas und Stachelmakrelen lieben das strömungsreiche Wasser um die Felsnasen herum.

■ **Five Islands** - 10 Kilometer westlich von Samui gelegene Inselgruppe. Starke Strömung, häufig schlechte Sicht wegen starker Winde und von Koh Chai Son auslaufendes Flusswasser. An guten Tagen auch für Schnorchler empfehlenswert, maximale Tauchtiefe 24 Meter.

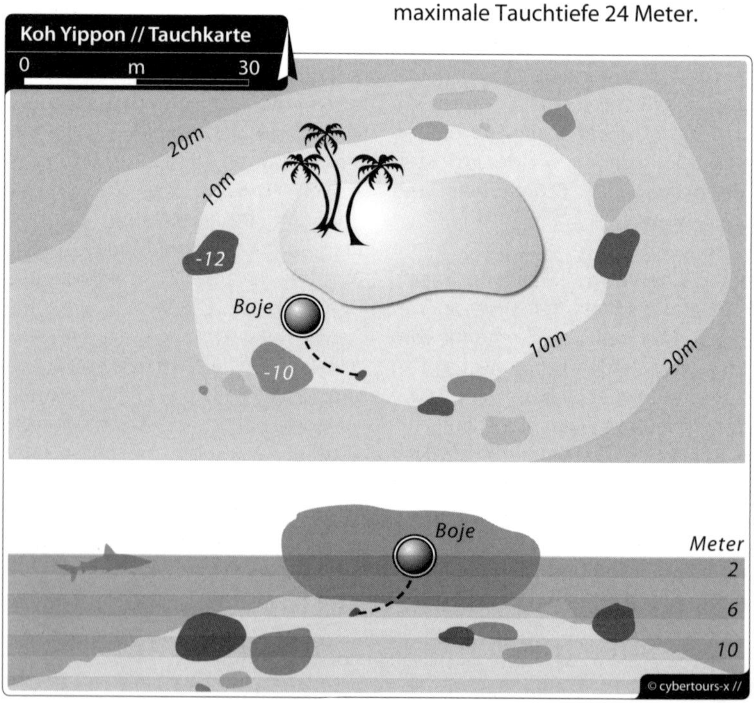

Hat Yao Beach // Koh Phangan △

Falterfisch am Riffabhang ◁

Barrakuda-Schule vor Sail Rock ▽

△ *Sonnenschein durchs Wasser*

▷ *Meerbarben // Koh Ma*

▽ *Fischerboote// Kampot*

Romantischer Abend auf Koh Samet △

Griffelkoralle // Mango Bay ◁

Ein Tag geht zu Ende // Koh Tao ▽

△ *Markttag in Siem Reap*

▷ *Red House Hotel // Koh Samui*

▽ *Lebender Fast-Food // Bangkok*

Straßenszene // Pattaya △

Tradiotioneller Tänzer // Koh Chang ◁

Keksladen // Trat ▽

△ Schmetterlingspark // Phuket

▷ Angebissen!

⪢ Eine Muräne verteidigt ihr Revier

▽ Koh Phi Phi Don // Regenbogen am Morgen

△ *Am Strand // Pattaya*

▷ *Am Strand // Koh Samet*

▽ *Schweinemarkt // Pattaya*

Koh Ma // Tauchkarte

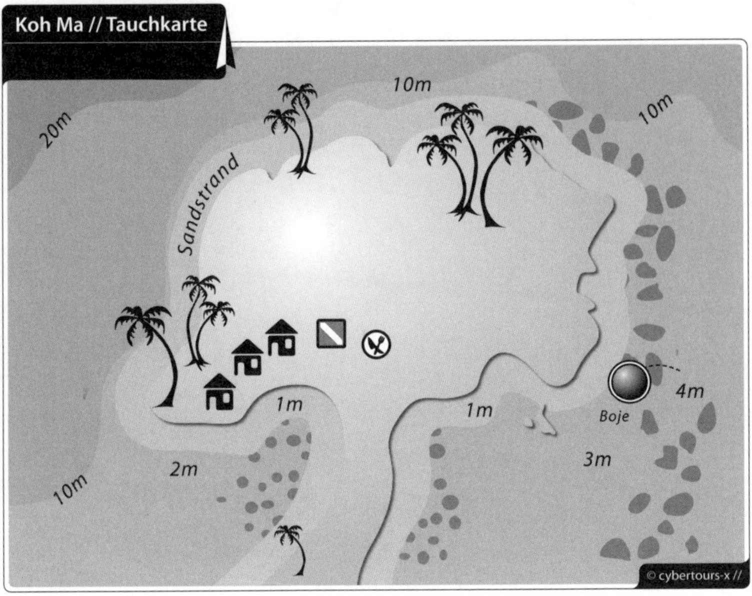

Pattaya

Die Geschichte Pattayas ist schnell erzählt: Während des Vietnamkriegs wurde aus dem unscheinbaren Fischerdorf ein beliebtes Erholungszentrum für amerikanische GIs. Es folgten die Bargirls, Touristen und Glücksritter. In dem lebendigen Küstenort wurde auch Thailands Tauchindustrie geboren, gerade am Wochenende fallen Wassersportler aus dem nahen Bangkok ein. Pattaya präsentiert sich heute als Ausgangspunkt für alle Taucheraktivitäten im Zentrum des Golfs von Thailand. Sporttaucher finden hier nach ihren Tauchgängen eine einzigartige Mischung aus Shopping- und Partymeile vor. Vor allem die geringen Tauchtiefen und fehlende Strömung bieten ideale Bedingungen für Ausbildung und Anfänger. Seitdem nun auch Pattayas Großkläranlage in Betrieb gegangen ist, hat sich die Wasserqualität vor dem bekanntesten Seebad Thailands stark verbessert. In der Nachbarschaft wartet die Provinz ***Rayong*** mit feinsandigen Stränden der Insel **Koh Samet** auf, www.kohsamet.de. Das Badeparadies gehört mit den umliegenden Inseln zu dem Nationalpark Khao Laem Ya Samet und bietet viele Möglichkeiten zum Schnorcheln.

- www.pattaya.de
- www.pattayamail.com

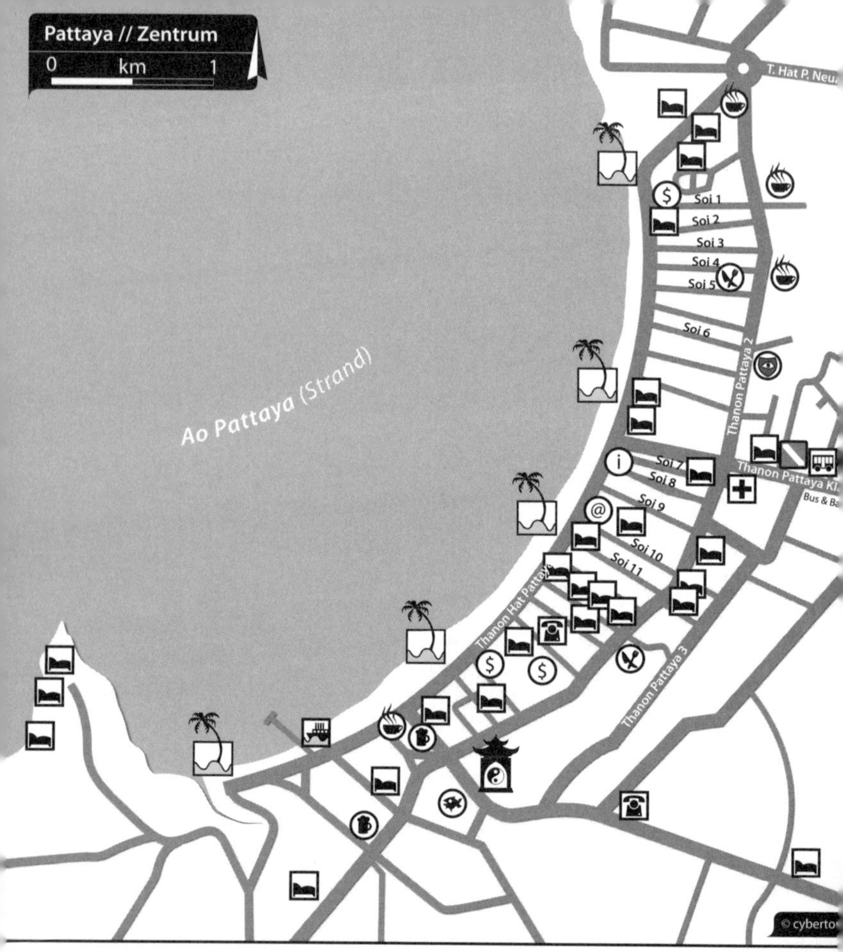

UNTERKUNFT

Die Auswahl ist schier unerschöpflich, Übernachtungspreise beginnen meist bei rund 300 Bt.. Auch die populäre Budget-Kette Sawasdee betreibt fünf Häuser in Pattaya, s. www.sawasdee-hotels.com. Häufig wird man bereits bei der Ankunft am Bus Terminal oder in den Straßen von Hotelbetreibern angesprochen.

■ **Sawasdee Pattaya**, Tel. 038 - 720 563, Zimmer von 300 Bt. bis 600 Bt. in bewährter Qualität.

■ **A.A. Guesthouse**, 75/74 Mu 12 Chom Thian Beach, Tel. 03 - 823 1812-3, 10 einfache Zimmer ab 200 Bt..

■ **Ann Guesthouse**, 98 Mu 10 Pattaya Beach Road, Tel. 03 - 842 2899, Zimmer 200 - 300 Bt..

■ **Apex**, 216/2 Mu 10 Pattaya 2 Road, South Pattaya, Tel. 03 - 842 8281-2, Fax: 03 - 842 1184, großes Haus mit 109 Zimmern, Preise 250 - 300 Bt..

■ **A. A. Pattaya**, 182 Soi 3 Pattaya Beach Road, South Pattaya, Tel. 03 - 841 0565, Fax: 03 - 842 9057, 82 Zimmer, 650 - 1200 Bt..

■ **Ambiance**, 325/89 Mu 10 Soi Pattayaland 3, South Pattaya, Tel. 03 - 842 4099, Fax: 03 - 842 4626, 30 Zimmer, 700 - 1600 Bt..

Essen und Trinken

■ **Chalet Swiss**, Pattaya Beach Road, South Pattaya, Tel. 03 - 842 9255, bodenständige Hausmannskost aus dem Alpenland.

■ **Food Fair**, 147/1 Mu 10 Pattaya Beach Road, South Pattaya, Tel. 03 - 842 8813, Thaiküche, westliche Gerichte, Fischplatten.

■ **Kannika Seafood**, 335/20-21 Central Pattaya, Tel. 03 - 842 3739, Meeresfrüchte & Fischgerichte.

■ **Seafood Market and Restaurant**, 147/1 Mu 10 Pattaya Beach Road, South Pattaya, Tel. 03 - 842 8813, erstklassige Fischteller.

■ **P.I.C. Kitchen**, 255 Mu 10 Soi 5 Pattaya 2 Road, Tel. 03 - 842 8387, Thaifood in bester Ausführung.

Party

Das Nachtleben von Pattaya steht ganz im Zeichen der vielen einsamen, männlichen Herzen aus Europa und Australien. Go-Go Bars, Diskotheken, Animierkneipen und Stripclubs sorgen rasch für Anschluss. Für die Unentschlossenen stehen die Ladyboys bereit - keiner geht gern allein nach Hause. Im März wird das ***Pattaya Music Festival*** gefeiert

■ www.thailandgrandfestival.com

■ www.pattaya-at-night.com

Was noch

Abenteuerliche Sportarten auch unter www.thaieco-adventure.org.

■ **Sailing Center**, Jomtien Beach, Pattaya, Segelboote und Jollen auf Stundenbasis. Weitere Anlaufstellen für Leichtmatrosen und seefeste Skipper sind der Blue Lagoon Watersports Club, www.bluelagoon.biz, sowie der Ocean Marina Yacht Club, www.oceanmarinayachtclub.com. Der Royal Varuna Yacht Club von Pattaya gilt als ältester Segelclub Thailands, hier läßt sich maritime Geschichte atmen.

■ **Bungee Jumping**, Pattaya Cart Speedway, Thep Prsit Road, Tel. 03 - 830 0608.

■ **Hard Rock Spa**, Hard Rock Hotel Pattaya, Pattaya Beach Road, Tel. 03 - 842 8755-9, www.hardrockhotel-pattaya.com.

■ **Hochseeangeln**, Wondercat Bar, Tel. 038 - 429 837, www.angelnin-thailand.de

■ **Starcruises Kreuzfahrten**, www.starcruises.com, unterwegs mit einem Viermaster von Laem Chabang via Koh Kood nach Koh Samui.

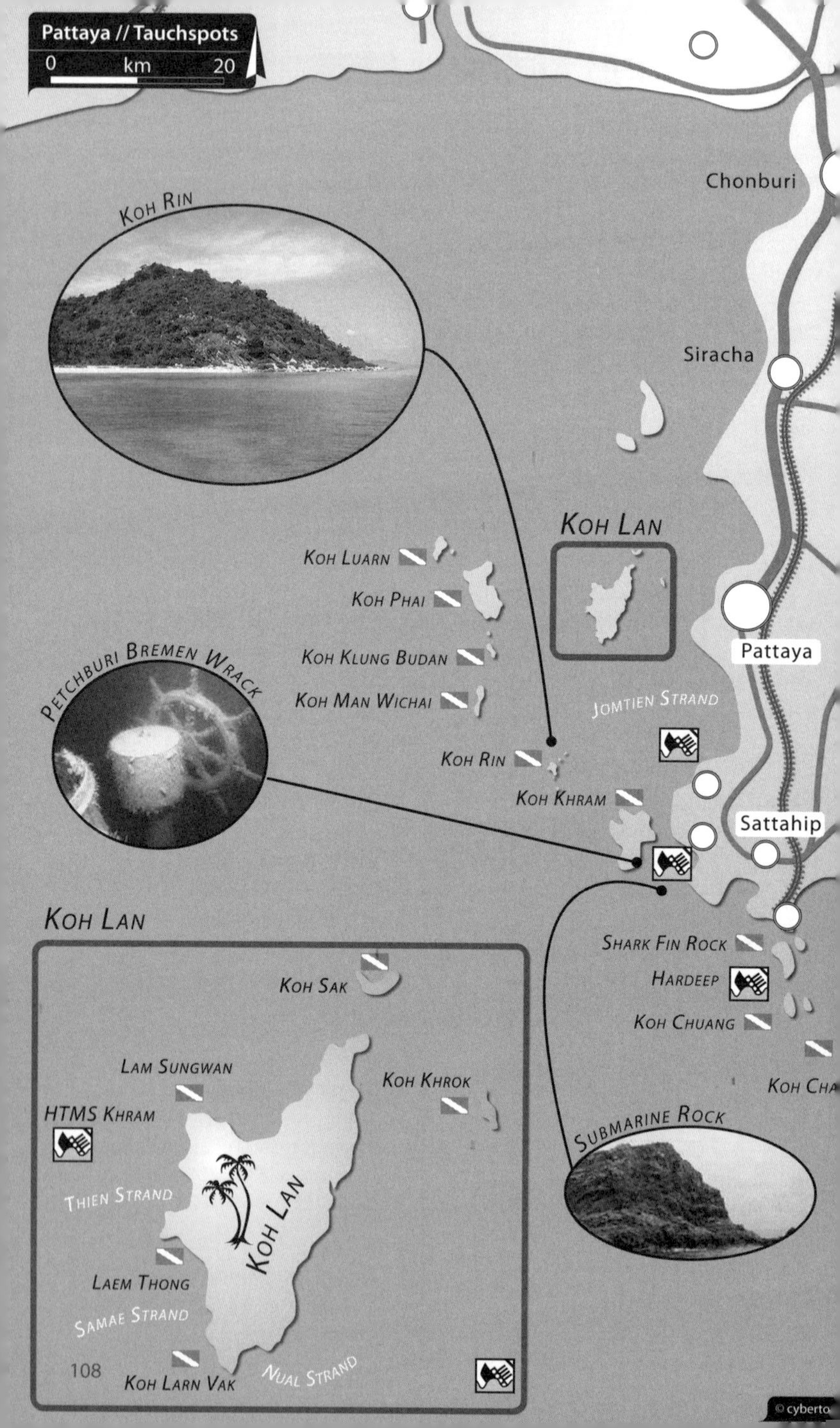
Pattaya // Tauchspots
0
km
20
Chonburi
Koh Rin
Siracha
Koh Lan
Koh Luarn
Koh Phai
Pattaya
Petchburi Bremen Wrack
Koh Klung Budan
Koh Man Wichai
Jomtien Strand
Koh Rin
Koh Khram
Sattahip
Koh Lan
Shark Fin Rock
Koh Sak
Hardeep
Koh Chuang
Lam Sungwan
Koh Khrok
Koh Cha
HTMS Khram
Submarine Rock
Koh Lan
Thien Strand
Laem Thong
Samae Strand
Koh Larn Vak
Nual Strand
© cyberto

Tauchen & Schnorcheln

■ **Adventure Divers**, 219/56 M 9, Soi Yamato, Pattaya, Tel. 03 - 871 0899, 661 842 9230, eMail: info@pattayadivers.com, PADI Tauchbasis, auch Tagesfahrten zu den Inseln inkl. Schnorchelequipment ab 1000 Bt..

■ **Dive Southeast Asia**, Tel. 038 - 36 23 00, Fax: 038 - 36 23 01, eMail: info@dive-sea.com, www.dive-sea.com.

■ **Mermaids Dive Center**, Tel. 038 - 23 22 19 20, Fax: 038 - 23 22 21, eMail: mermaids@loxinfo.co.th, www.mermaiddive.com.

■ **Seafari Sports Centre Co. Ltd.**, Tel. 038 - 42 90 60, Fax: 038 - 42 47 08, eMail: diving@seafari.co.th, www.seafari.co.th.

■ **Neptune Dive Center**, Tel. 038 - 71 00 78, Fax: 038 - 71 00 78, eMail: LS@tauchenthailand.de, www.neptunedive.com.

Verkehrsverbindungen

Von Bangkok fahren **Busse** von dem Eastern Bus Terminal (Skytrain-Station Ekamai) an der Sukhumvit Road (Soi 63) alle 30 Minuten von 5:00 h bis 23:00 h, Fahrpreis einfach 90 Bt.. Info: Rung Rueng Tour, Tel.: 02 - 391 9829, 02 - 712 3928. Vom Mochit 2 Bus Terminal an der Kamphaeng Phet 2 Road fahren ebenfalls alle 30 Minuten Busse nach Pattaya, von 4:30 h bis 20:00 h, Fahrpreis einfach 94 Bt.. Die Fahrzeit beträgt knapp zwei Stunden. In der Khao San Road werden auch günstige Tarife für Minibusse angeboten, man spart den Weg zur Busstation. Ebenfalls Limousinen-Service vom Flughafen Bangkok nach Pattaya, Info-Tel.: 03 - 842 3140-1.

Von Bangkoks Hua Lamphong Railway Station fährt jeden Morgen um 6:55 h ein **Zug** (ohne AC) in dreieinhalb Stunden nach Pattaya, Fahrpreis einfach 31 Bt., Info-Tel.: 1690, 02 - 223 7010, 02 - 223 7020.

In Pattaya verkehren **Minibusse** (Songthaew), Fahrpreis 5 Bt. pro Nase. Motorrad-Taxis kosten etwa 20 Bt. für drei bis vier Kilometer.

Die Spots

Beliebte Ziele von **Schnorchelausfahrten** sind die gut 20 Kilometer vor Pattaya gelegenen Inseln ***Koh Rin*** und ***Koh Man Wichai***, wo sich Ammenhaie, Schildkröten, Kaiserfische und Blaupunktrochen beobachten lassen. Die thailändische Marine hat bei ***Koh Pai*** Anfang 2003 ein ausgedientes Kriegsschiff versenkt, eine weitere Attraktion für **Wracktaucher** in dieser Region.

■ **Shark Fin** - ein korallenbewachsener Felsen, der aus dem Meer bis auf 24 Meter Tiefe hinabreicht. Bunte Rifffische und Schildkröten drehen hier ihre Runden.

■ **Hard Deep** - Schiffswrack, 10 Kilometer vor Samae San, etwa eine halbe Stunde mit dem Boot von Pattaya entfernt. Der 64 Meter lange Frachter fuhr einst unter indonesischer Flagge und wurde hier 1942 von alliierten Bombern versenkt. Das Wrack ruht in einer Tiefe von 15 bis 27 Metern auf seiner Steuerbordseite und ist über und über mit Korallen bewachsen. Riffhaie und Rochen patrouillieren am Wrack. Erfahrene Wracktaucher können durch den Rumpf in den Maschinenraum eindringen, allerdings können oft starke Strömungen auftreten.

■ **Petchburi Bremen** - Schiffswrack vor Koh Khram, 30 Kilometer von Pattaya. Ein Feuer im Maschinenraum wurde dem Schiff in den 30er Jahren zum Verhängnis. Der 110 Meter lange Frachter ist schon auseinander gebrochen, bietet aber Barrakudaschwärme, Korallenbewuchs und Muränen. Die Sichtweite ist oft etwas eingeschränkt. Die `Bremen´ liegt in einer Tiefe zwischen 19 und 25 Metern. Vor einem Eindringen in das Wrack sei gewarnt!

■ **Khram Wreck** - das ehemalige US Navy Landeboot wurde 1993 von den Thaibehörden versenkt, um ein künstliches Riff und eine neue Taucherattraktion in der Region zu schaffen. Das Wrack liegt in einer Tiefe von 15 bis 30 Metern, gut 14 Kilometer vor Pattaya. Besucher treffen auf üppigen Korallenbewuchs und Schwärme von Barrakudas.

■ **Koh Khrok** - die felsigen Steilwände der 7 Kilometer südwestlich von Pattaya gelegenen Insel bieten Schnorchlern und Anfängern des Tauchsports ideale Bedingungen. Strömungen gibt es kaum, die Tauchtiefe liegt zwischen 1 und 20 Metern. Die Sichtweite kann je nach Jahreszeit beeinträchtigt sein. Zu beobachten sind Weichkorallen, Gorgonien und bunte Rifffische.

■ **Koh Rin** - gilt als bester Spot in der Region für Korallen. Canyons und abwechslungsreiche, felsige Topografie sorgen für einen gelungenen Tagesausflüg von Pattaya. Die Sichtweite ist in der Regel gut, die maximale Tauchtiefe beträgt 14 Meter. Schnorchler können hier auch im Flachwasserbereich Rotfeuerfische, Muränen und Oktopus beobachten.

Wracktauchgänge erfordern eine besondere Ausrüstung und Planung. Es gilt die „3-L-Regel“: Luft-Leine-Licht. Bei der Luftplanung gilt die Faustregel, dass ein Drittel für den Hinweg und zwei Drittel für den Rückweg zu kalkulieren sind. Ein mehrfaches Atemsystem ist unerlässlich, da ein direkter Aufstieg aus dem Wrack nicht möglich und Wechselatmung in den engen Kabinen unter Streßbedingungen fast ausgeschlossen ist. Versagt ein Teil des Atemsystems, muss der Taucher immer noch atmen können! Licht gibt auch psychische Sicherheit, da Dunkelheit im Wrack Panik erzeugen kann. Mindestens 2 Lampen sollten bei der Tauchgangsplanung berücksichtigt werden. Eine Leistung von 20 Watt sollte als Untergrenze gelten. Die Führungsleine (Reel) ist der Ariadnefaden, der die Tauchteams wieder aus dem Wrack führen soll. Als Material sollte eine kräftige Nylonschnur, mindestens 3 Millimeter stark, gewählt werden. Helle Farben sind auch bei aufgewirbelten

Sedimenten oder in trübem Wasser noch zu sehen. Ein kräftiges Messer hilft im Ernstfall, um den Tauchpartner aus verstrickten Schnüren oder Fischernetzen zu schneiden. Eine aufblasbare, orangefarbene Boje macht abgetriebene Taucher auch bei Seegang noch sichtbar. **Achtung!** In der Nähe von Metallwracks funktioniert der Kompass oft nicht einwandfrei!

■ **Werkzeuge und Ersatzteile**: Schrauben- und Imbusschlüssel für den Lungenautomaten, Adapter, Schraubenzieher (verschiedene Größen), Kombizange, Flachzange, Flossenbänder, Schnallen, O-Ringe, Maskenbänder, Ersatzbirne für die Lampe, Automaten-Mundstück, Silikonfett, Blindstopfen für den Lungenautomaten.

Pattaya // Gemüsestand

Koh Chang

Mitte der 90er Jahre war die Insel noch eine recht unbekannte Alternative für Traveller, denen ***Koh Samui*** längst zu kommerziell und laut geworden war. Das ehemalige militärische Sperrgebiet wurde einst wegen der Nähe zum krisengeschüttelten Kambodscha, der Schmuggler und Piraten gemieden. Mit der Eröffnung des nahen Flughafens bei ***Trat*** setzte erwartungsgemäss der Boom ein, auch die Rabauken der Roten Khmer lösten sich in Luft auf. ***Koh Chang*** gilt als Eldorado für Traveller und Wassersportler. Die vorgelagerten 52 Inseln bieten Tauchern und Schnorchlern alle erdenklichen Spielwiesen. Die Riffe zwischen Koh Chang und ***Koh Raet*** sind von besonderer Faszination, Begegnungen mit Riffhaien und großen Rochen sind hier keine Seltenheit. ***White Sands Beach*** ist wichtigste Meile auf Koh Chang, hier findet sich die perfekte Infrastruktur für den Besucher.

Tipp:
www.whitesandsthailand.com

Unterkunft

Weitere Adressen und Hotellisten auch unter www.koh-chang.ch.

■ **Island Lodge**, White Sands Beach, Koh Chang, Bungalows und Hütten ab 150 Bt., Tel. 01 - 000 3938, eMail: islandlodge@hotmail.com, gegenüber vom Bamboo Resort.

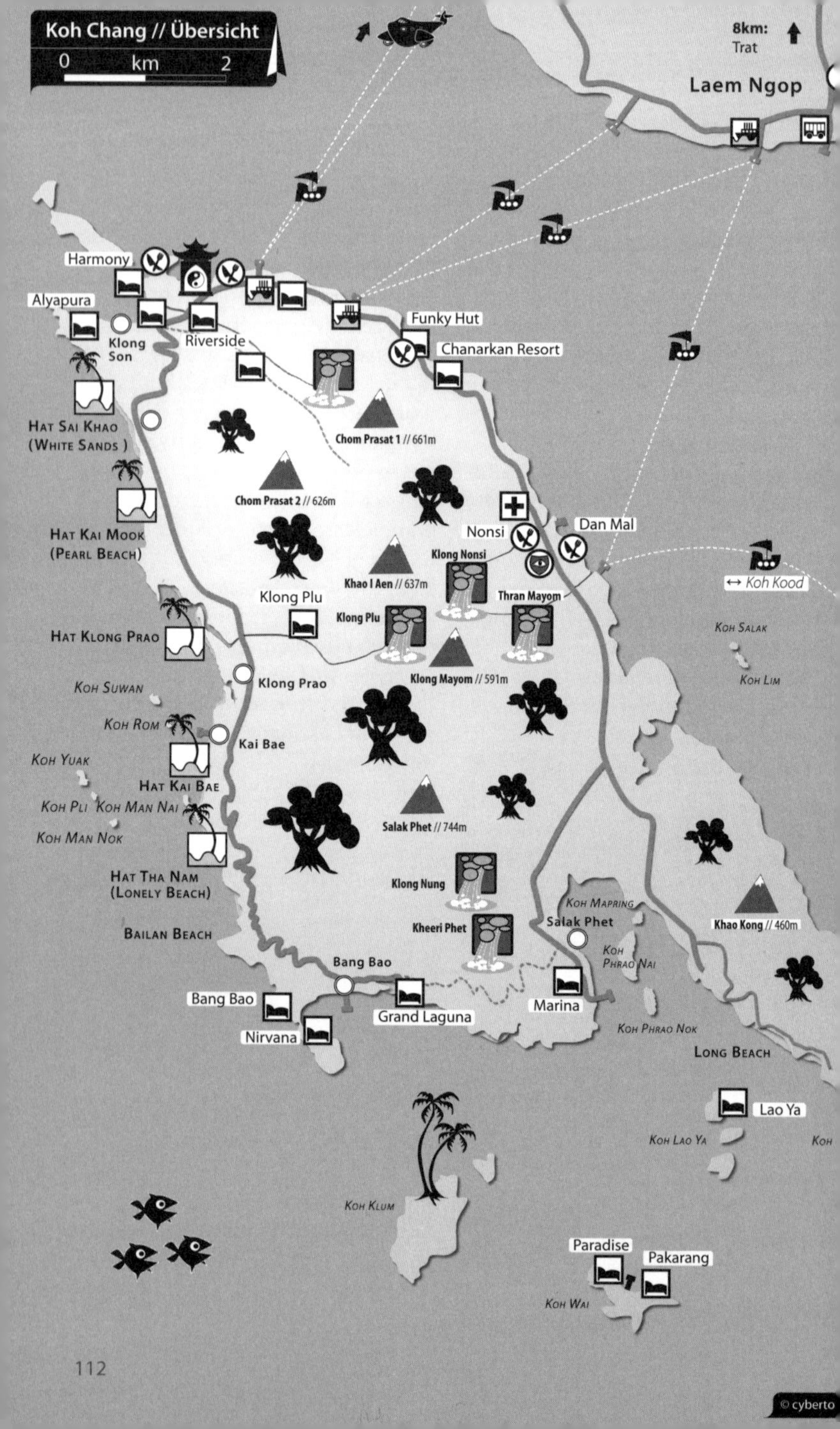

Koh Chang // Übersicht
0 km 2
8km: Trat
Laem Ngop
Harmony
Alyapura
Klong Son
Riverside
Funky Hut
Chanarkan Resort
Hat Sai Khao (White Sands)
Chom Prasat 1 // 661m
Chom Prasat 2 // 626m
Hat Kai Mook (Pearl Beach)
Nonsi
Dan Mal
Klong Nonsi
Khao I Aen // 637m
Thran Mayom
↔ Koh Kood
Klong Plu
Klong Plu
Hat Klong Prao
Koh Salak
Klong Mayom // 591m
Klong Prao
Koh Lim
Koh Suwan
Koh Rom
Kai Bae
Koh Yuak
Hat Kai Bae
Koh Pli
Koh Man Nai
Koh Man Nok
Salak Phet // 744m
Hat Tha Nam (Lonely Beach)
Klong Nung
Koh Mapring
Kheeri Phet
Salak Phet
Khao Kong // 460m
Bailan Beach
Koh Phrao Nai
Bang Bao
Bang Bao
Marina
Grand Laguna
Nirvana
Koh Phrao Nok
Long Beach
Lao Ya
Koh Lao Ya
Koh
Koh Klum
Paradise
Pakarang
Koh Wai
© cyberto

■ **Funky Hut**, Dan Kao Beach, Koh Chang, Tel. 039 - 586 177, eMail: info@funkyhut-thailand.com, www.funkyhut-thailand.com, Restaurant, Garten, verschiedene Preiskategorien für jedes Budget.

■ **Sansabay Resort**, Koh Chang, Tel. 01 - 732 3564, eMail: reserve@sansabayresort.com, www.sansabayresort.com, 6 gepflegte Bungalows mit AC, TV, Minibar, heißer Dusche.

■ **Bang Bao Sea Huts**, Bang Bao Bay, Koh Chang, Tel. 01 - 285 0570, www.bangbaosseahut.com, edle Bungalowanlage auf Stelzen über dem Wasser in Szene gesetzt, ein Hauch von Tahiti weht über dem Resort.

■ **Baan Koh Maak Bungalows**, Koh Maak, Tel. 09 - 895 7592, Fax: 02 - 965 76 15, www.baan-koh-mak.com, 18 saubere Bungalows mit Privatbad ab 400 Bt., Kayak- und Mopedverleih. Die Budget-Herde mit wenig Geld und viel Zeit steigt bevorzugt in den preiswerteren Anlagen Lazy Days und Island Huts (150 Bt.) ab.

■ **Captain Hook Resort**, Koh Kood, eMail: info@captainhookresort.com, www.captainhookresort.com. Aktivitäten wie Tauchen, Schnorcheln, Kayaking, Mountainbiking, Hochseefischen, Windsurfen stehen im Vordergrund. Anlage für Sporturlauber und Anspruchsvolle.

Essen und Trinken

■ **Helis Kitchen**, Logans Place Koh Chang, White Sands Beach, Tel. 06 - 149 8523, www.logansthailand.com, schwedisches Management, Pasta & Thaifood, Sandwiches & Salate.

■ **15 Palms**, Beach Bar & Restaurant, Billard, Sport-TV, kaltes Bier, am Strand lümmeln sich die Gäste auf Liegestühlen.

■ **Bailan Hut**, Bailan Bay, Restaurant & Bar, Tel. 07 - 028 0796, gutes Frühstück mit Filterkaffee, Pizza, Thaiküche, Cocktails, Apfelkuchen, auch eigene Bungalows zu vermieten.

■ **Angels Beergarden**, Kai Bae, Kneipengerichte, Billard, kaltes Bier.

Party

■ **Milky Way**, Karaoke Bar, White Sands Beach, Tel. 06 - 392 0348.

■ **Beer Heaven**, European Beer Bar, Kai Bae Beach, Tel. 09 - 932 3629, www.belgianbeerthailand.com, Paulaner & Weihenstephan Weißbier, auch günstige Bungalows zu vermieten.

■ **Back Sound Club**, Lonely Beach, Koh Chang, Treffpunkt der Nightdiver.

■ **Rasta Baby**, Kai Bae, mittwochs Party, Tel. 06 - 1146 559, www.rasta-baby.monsite.wanadoo.fr, Pub & Restaurant.

■ **Odie´s Place**, White Sands Beach, Livemusik.

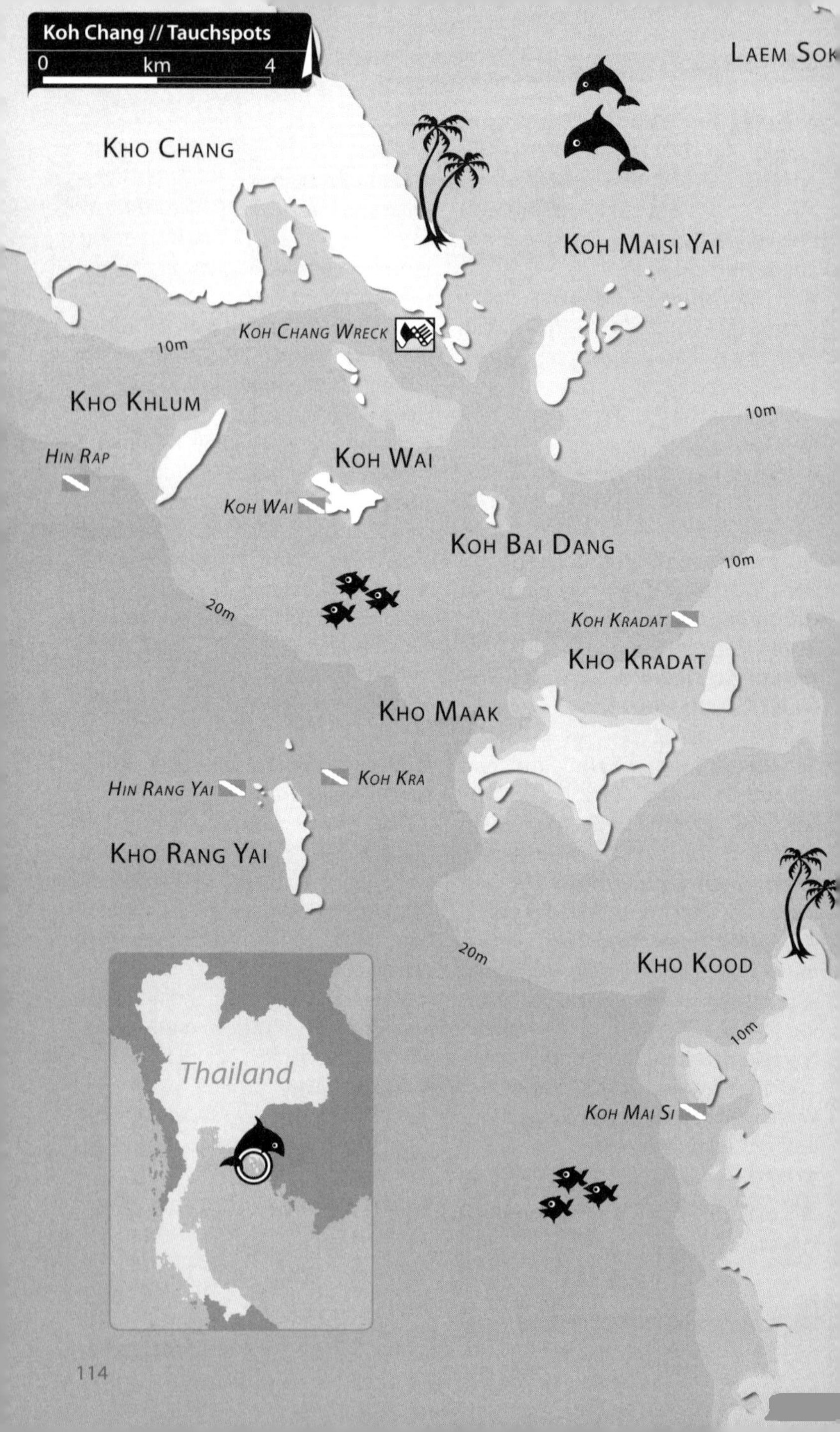
Koh Chang // Tauchspots
0 km 4
Laem Sok
Kho Chang
Koh Maisi Yai
Koh Chang Wreck
10m
Kho Khlum
10m
Hin Rap
Koh Wai
Koh Wai
Koh Bai Dang
10m
20m
Koh Kradat
Kho Kradat
Kho Maak
Hin Rang Yai
Koh Kra
Kho Rang Yai
20m
Kho Kood
10m
Thailand
Koh Mai Si

Was noch

■ **Koh Chang International Clinic**, White Sands Beach, Tel. 039 - 551 151-2, Hotline 24 h Tel. 01 - 863 3609.

■ **Scuba Dive Thailand**, Tauchshop, Bang Bao Pier, Koh Chang, Tel. 039 - 558028, eMail: michaelangelo@hotmail.com

■ **Thaifun Cruiser**, White Sand Beach, Tel. 06 - 141 7498, Bootsausflüge in den Marine Nationalpark, Schnorchelstops, Inselrundfahrten, täglich Abfahrt um 8:15 h, Rückkehr um 18:00 h.

■ **Sea Bird Boat Trips**, Tel. 07 - 925 4428, 07 - 091 2146, gemütlicher Schlickrutscher für Schnorchelausfahrten und Angeltouren.

■ **Sea Adventures**, Tel. 04 - 728 6387, 13 Meter Katamaran für Schnorcheltrips, Fullmoon-Segeltrips, Sunset Dinner Cruises.

■ **Thida Yachting**, Tel. 01 - 933 3691, eMail: kc@sailing-in-thailand.com, www.sailing-in-thailand.com, Zweimaster für Charter-Törns durch den Koh Chang - Archipel.

Koh Chang // Elefantensafari

■ **Iyara Watersports**, Tel. 01 - 75 10 058, eMail: kohchang_iyara@mweb.co.th, Kayaking und Kanus.

■ **Island Net**, White Sands Beach, Tel. 039 - 551215, eMail: islandnet@gmail.com, internationale Flugtickets, Reconfirmation, Übersee-Telefonate ab 25 Bt./Minute.

Tauchen & Schnorcheln

■ **White Sands Dive Centre**, White Sands Beach, Palms Restaurant, Tel. 06 - 106 5020, www.whitesands-dc.com, PADI Kurse und tägliche Schnorcheltrips.

■ **Water World Diving**, Koh Chang Plaza, Tel. 039 - 551 321, 06 - 139 1117, eMail: info@waterworldkohchang.com, PADI Kurse, deutschsprachige Tauchlehrer, tägliche Ausfahrten, gratis T-Shirt bei OWD Ausbildung.

■ **Island Hopper**, White Sands Beach beim Apple Resort, Tel. 01 - 865 0610, eMail: islandho@tr.ksc.co.th, tägliche Schnorcheltrips und Bootsausflüge zu den vorgelagerten Inseln.

■ **The Wing Dive Center**, White Sands Beach, Tel. 039 - 551 445, 01 - 927 6886, PADI Kurse, Schnorcheltrips, Kayaking, Hochseeangeln, Bootsausflüge, eigene Bungalowanlage.

■ **Seahorse Dive Center**, Kai Bae Hut, deutschsprachig, über 10 Jahre vor Ort etabliert, PADI Kurse & Bootsausfahrten, Tel. 01 - 9967 147, www.ede.ch.seahorse.

■ **Paradise Scuba Divers**, White Sands Beach, Tel. 09 - 754 8929, www.scuba-thailand.net, PADI 5 Star Basis, CMAS, Pool für Ausbildung, Nitrox, gratis Transfer für Gäste.

■ **Dive Point**, Lonely Beach, Nature Bungalows, Tel. 07 - 142 2948, eMail: arnhelm@gmx.de, deutsches Management, PADI Kurse, Bootsausfahrten, Schnorcheltrips.

■ **Dolphin Divers**, Lonely Beach u. a., Siam Hut, Tel. 07 - 028 1627, www.dolphinkohchang.com, PADI & SSI, deutschsprachige Tauchlehrer.

■ **The Dive Adventure**, Bang Bao Pier, Koh Chang, Tel. 06 - 0572 715, PADI Kurse, deutschsprachige Crew, Schnorchler sind willkommen, tägliche Bootsausflüge in den Marine Nationalpark, Pickup Service für Gäste.

■ **Ploy Scuba Diving**, Bang Bao, Koh Chang, Tel. 01 - 940 4331, www.ployscuba.com, mehrsprachige Crew, PADI Standards, gepflegtes Tauchboot.

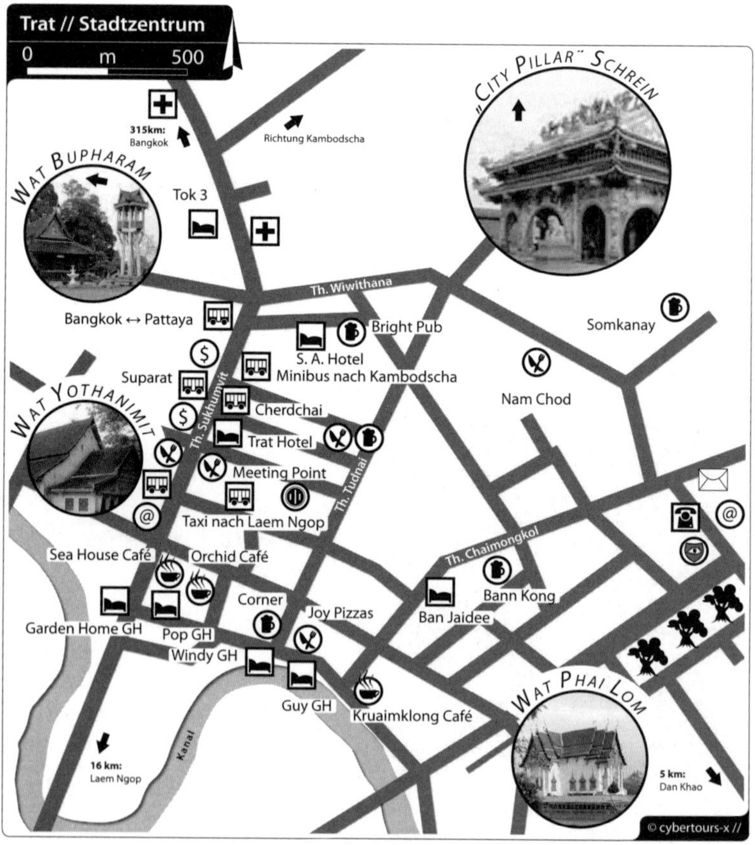

Verkehrsverbindungen

Bangkok Airways fliegt zweimal täglich von Bangkok nach Trat (4000 Bt. Hin- und Rückflug), um 9:00 h und um 16:10 h, Flugzeit 40 Minuten. Das Büro der Fluggesellschaft ist in Trat unter der Tel.-Nr. 039 - 525 299 oder 039 - 525 767-8 zu erreichen. **Sammeltaxis** (20 Bt.) und **Taxis** (120 Bt.) fahren von Trang zum **Fährhafen** Laem Ngop, wo man sich nach Koh Chang und den Nachbarinseln Koh Wai, Koh Maak und Koh Kham einschiffen kann. Von Koh Chang verkehren Boote nach Koh Kood und Koh Maak.

In Bangkoks Khao San Road werden günstige Tickets ab 180 Bt. für die direkte Anreise einschließlich **Minibus** und **Fähre** angeboten. Die **Busse** fahren morgens zwischen 7:00 h und 8:00 h ab, Fahrzeit ca. 5 Stunden. Vom Fährhafen Laem Ngop fahren **Minibusse** täglich um 11:00 h direkt bis nach Bangkok. Reguläre **Busse** fahren in Bangkok vom Eastern Bus Terminal (Ekamai) und vom Northern Bus Terminal (Mor Chit) bis nach Trat, wo den Besucher dann **Minibusse** bis nach Laem Ngop bringen. Die Fahrt dauert etwa 4 bis 6 Stunden, Fahrpreis um die 200 Bt.. Vom Ekamai Terminal starten die Busse nach Trat beinahe stündlich.

Ein **Minibus-Service** verbindet Pattaya mit Laem Ngop. Täglich um 8:00 h fahren die Minibusse in Pattaya ab , die Reise geht via Ban Pae (Fährhafen nach Koh Samet) bis zu Koh Changs Fährhafen, Fahrzeit ca. 4 Stunden, Fahrpreis 400 Bt.. Von Laem Ngop fahren täglich um 13:00 h Minibusse zurück nach Pattaya. Reguläre **Busse** fahren in Trat um 5:00 h, 9:30 h, 12:00 h und 15:00 h nach Pattaya, Fahrzeit 5 Stunden, Fahrpreis 160 Bt..

Kambodscha ist via Trat gut zu erreichen. Vom Fährhafen Laem Ngop fährt täglich um 10:30 h ein **Minibus** direkt bis nach Siem Reap (***Angkor Wat***), Ankunft gegen 19:00 h. Fahrpreis je nach Saison zwischen 1000 Bt. und 1300 Bt., zu buchen bei den Reisebüros auf Koh Chang oder bei Kiatiphol Tours (Tel. 039 - 597 181). Das **Touristenvisum** (30 Tage) an der Grenze kostet 1200 Bt., in Bangkoks Khao San Road lässt sich dieser Stempel günstiger beschaffen (Passfotos nicht vergessen). Eine neue Straße macht auch die direkte Anreise nach Phnom Penh möglich, Abfahrt täglich um 9:00 h. Tickets erhält man in Trat oder bei den vielen Reisebüros auf Koh Chang. Der Grenzübergang ***Hat Lek*** ist wichtige Station auf dem Wege nach ***Sihanoukville*** im Süden Kambodschas. Den Schlagbaum erreicht man mit den **Minibussen** (100 Bt.), die alle 45 Minuten in Trat von der Hauptstraße (100 Meter nördlich vom Nightmarket) in Richtung Grenze starten. Fahrzeit knapp eine Stunde. Von Hat Lek gelangt man mit **Mopedtaxis** und **Pickup-Transporter** in das benachbarte kambodschanische Koh Kong. Für diesen Transportservice sollte mit 1 US $ pro Nase gerechnet werden, überhöhte Preise sind die Regel. Das **Schnellboot** von Koh

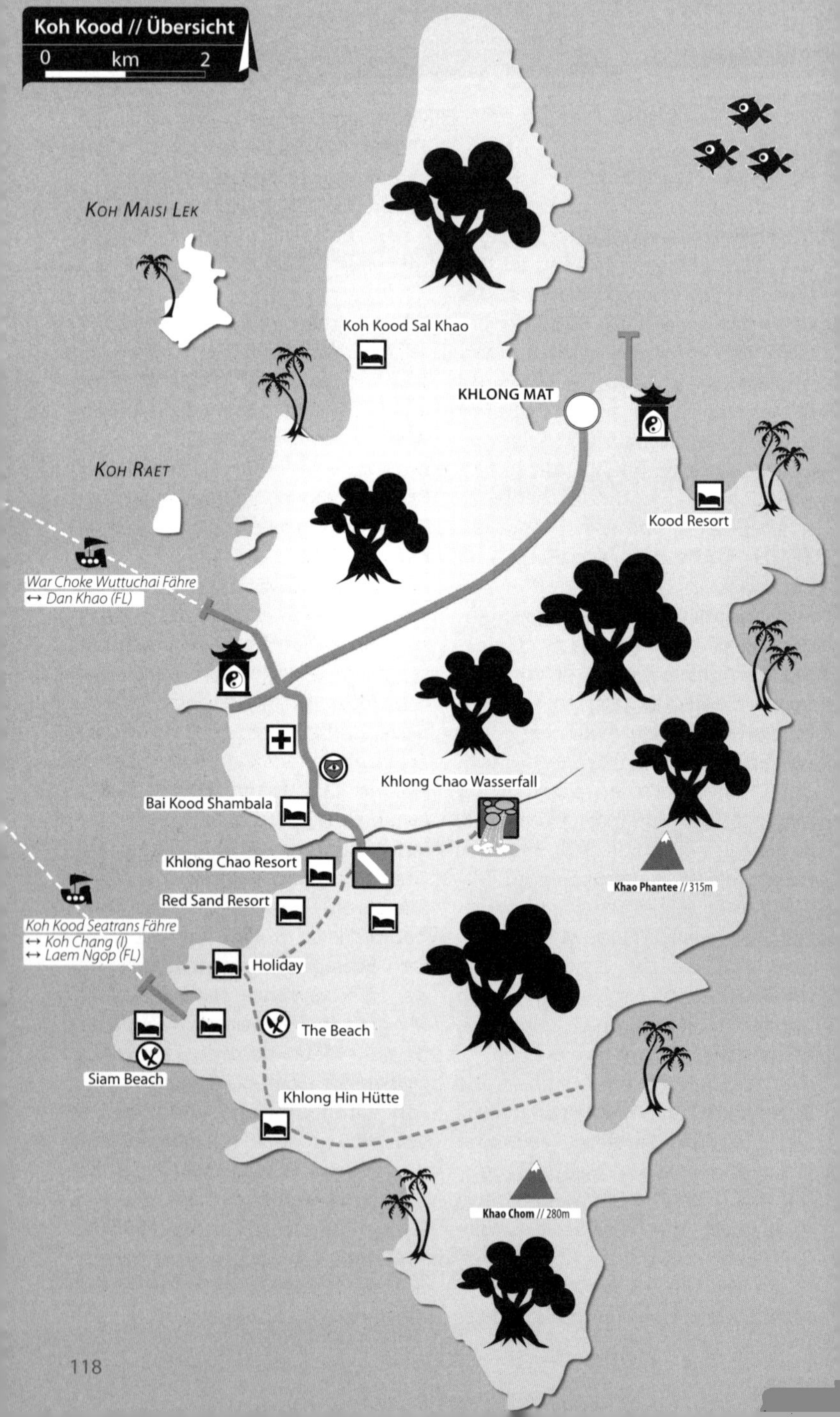

Koh Kood // Übersicht
0 km 2
Koh Maisi Lek
Koh Kood Sal Khao
KHLONG MAT
Koh Raet
Kood Resort
War Choke Wuttuchai Fähre
↔ Dan Khao (FL)
Khlong Chao Wasserfall
Bai Kood Shambala
Khlong Chao Resort
Red Sand Resort
Khao Phantee // 315m
Koh Kood Seatrans Fähre
↔ Koh Chang (I)
↔ Laem Ngop (FL)
Holiday
The Beach
Siam Beach
Khlong Hin Hütte
Khao Chom // 280m

Kong nach Sihanoukville fährt nur einmal täglich um 8:00 h, so dass i. d. Regel eine Übernachtung in Koh Kong erforderlich wird. Fahrpreis für das Boot 15 US $, Fahrzeit 4 Stunden. Alternativ kann man mit dem **Bus** oder **Sammeltaxi** weiter nach Sihanoukville reisen oder man bucht in Bangkoks Khao San Road einen **Minibus**, der rechtzeitig am frühen Morgen in Hat Lek eintrifft (Abfahrt meist gegen Mitternacht).

Die Spots

Das Tauchrevier um ***Koh Chang*** gilt als Boomregion für den Tauchsport in Thailand, es werden zunehmend neue Spots erschlossen. Beste Tauchsaison ist von Oktober bis Mai, wenn raue See und Monsunregen nicht die Sichtweite beeinträchtigen.

- **Hin Luk Bat** - beliebter Ausbildungsspot 3 Kilometer südwestlich von Koh Chang. Maximale Tiefe 18 Meter, häufig schlechte Sicht. Bei guten Bedingungen sind auf verschiedenen Plateaus Korallengärten, Steilwände, Barrakudas, Husarenfische und Muränen zu beobachten.
- **Thonburi Wreck** - an Koh Changs Südseite vor einer Flussmündung in einer Tiefe von 15 Metern gelegen (200 Meter vom Strand). Starke Strömungen machen für die Erkundung ein Boot erforderlich, außerdem beträgt die Sichtweite oft nur 5 Meter. Der ehemalige Küstenkreuzer HMTN Thonburi wurde hier im Jahre 1941 während des kurzen Krieges zwischen Thailand und Französisch-Indochina versenkt.
- **Hin Rap** - 5 Kilometer südlich von Koh Chang. Das Bunte Riff hat die Narben der Dynamitfischerei gut überstanden, der Spot ist sowohl für Sporttaucher als auch für Schnorchler geeignet. Maximale Tiefe 18 Meter.
- **Koh Wai** - Riff im Flachwasser bis 20 Meter Tiefe. Geschützte Bucht, wenig Strömung, ideal auch für Schnorchler. Bunte Korallengärten, viel Fisch und mit Glück sind sogar Leopardenhaie zu sichten.
- **Koh Rang Pinnacles** - 20 Kilometer südlich von Koh Chang. Abwechslungsreiche Topografie, gilt als bester Spot der Region. Multilevel-Tauchgänge und Tieftauchen (30 Meter) möglich, auch für Schnorchler viele Spots. Zu beobachten sind Riffhaie, Rochen, Barrakudas, Schnapper und Zackenbarsche.

Koh Kood // Am Strand

REISEROUTEN

KAMBODSCHA

Phnom Penh

Die kambodschanische Hauptstadt ist die politische sowie kulturelle Drehscheibe im Lande und verfügt neben Siem Reap als einzige Stadt Kambodschas über einen internationalen Flughafen. Von den knapp 13 Millionen Einwohnern des Landes leben etwa 1 Million Khmer in Phnom Penh. Wichtige Sehenswürdigkeiten sind ***Royal Palace***, ***Silver Pagoda***, ***National Museum***, ***Wat Phnom*** und ***Tuol Sleng Genocide Museum***. Die berühmten „Killing Fields“, die Knochenhügel der millionenfachen Opfer Pol Pots, liegen weit vor den Stadttoren.

Tipp: www.cambodianscene.com

Das **Tuol Sleng Museum**, ehemaliges S-21 Gefängnis der Roten Khmer, dokumentiert eindrucksvoll das Grauen und den Genozid am kambodschanischen Volk durch Pol Pot´s Handlanger. In den Zellen des früheren Schulgebäudes sind Folterinstrumente, Ketten und Fotos der Gefangenen ausgestellt. Von 1975 bis Juni 1978 waren hier Khmer, Vietnamesen, Laoten, Thai, Inder, Pakistani, Engländer, Amerikaner, Kanadier und Kiwis interniert, von denen fast alle auf den Knochenhügeln endeten - nur 7 Gefangene von den mehr als 17.000 Inhaftierten

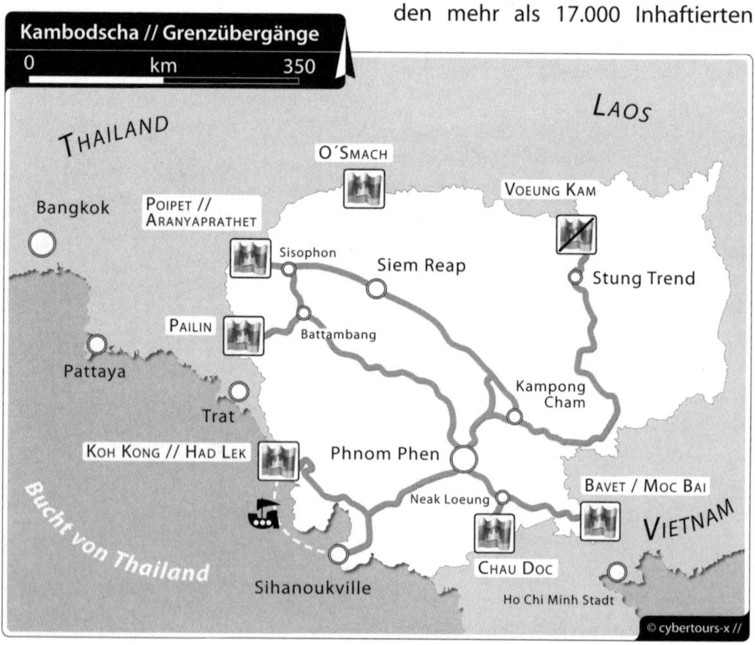

überlebten die Folter.
Tuol Sleng Museum, Direktor Mr. Chey Sopheara, Street 113, Boeng Keng Kang 3, Phnom Penh, Tel. 855 - 23 300 698, Fax: 855 - 23 210 358,
■ www.bigpond.com.kh/users/dc-cam.genocide

Unterkunft

Bei Travellern beliebt ist die „***Lake Side Area***", wo eine eigene Infrastruktur mit billigen Restaurants und Bars für das Wohlergehen sorgt. Möglicherweise sind die Straßen aus gestampften Lehmboden in 10 Jahren ähnlich gepflastert wie in Bangkoks Khao San Road. Unterkunft findet sich ab 3 US $. „Lake Side" kennt jeder Taxi-Fahrer.

■ **Simon´s Guesthouse**, Lake Side, saubere Schuhkartonzimmer mit Gemeinschaftsbad ab 3 US $, ein eigenes Vorhängeschloss kann nicht schaden, nettes Restaurant auf Stelzen über dem Wasser.
■ **California 2**, 317 Sisowath Quay, Tel. 855 - 23 / 982 182, eMail: cambodia_hotel_california@hotmail.com, www.cafecaliforniaphnompenh.com, beliebtes Guesthouse, an Bar trifft sich die Ami-Emigrantenszene.
■ **Mikey´s Guesthouse**, 213 Sisowath Quay, Tel. 023 - 991 190, www.mikeysguesthouse.com,Guesthouse & Bar, Billard, samstags Livemusik, günstige Cocktails.
■ **Boddhi Tree**, Guesthouse im traditionellen Khmer-Stil aus Holz, luftiger Balkon, gegenüber vom Tuol Sleng Museum, Tel. 016 - 865 445, www.boddhitree.com
■ **DV8**, in der Nähe der Flussmeile, Tel. 012 - 620 441, www.dv8-cambodia.com, großzügige Zimmer für jeden Geschmack, 5 US $ bis 20 US $, auch AC und TV, Bistro und Bar, westliches Management.

Essen und Trinken

Mehrere günstige Restaurants finden sich in der „Lake Side Area", z. B. indische Küche mit „All-you-can-eat" Angeboten für 2 US $. Ebenfalls beliebt ist die Flussmeile, Sisowath Quay.

■ **The Jungle**, Bar & Grill, 273 Sisowath Quay, Tel. 012 - 474 230, www.jungle-bar.com
■ **FCC Phnom Penh**, 363 Sisowath Quay, Tel. 023 - 724 014, www.fcccambodia.com, ehemalige Journalistenbar mit Kolonialatmosphäre, Blick auf den Fluss, luftiges Obergeschoss, regelmässige Fotoausstellungen, internationale Küche, der Phnom Penh Guide und andere Zeitungen liegen aus, ein zeitloser Treffpunkt für die hiesigen Westler.
■ **Green Vespa**, 95 Sisowath Quay, Tel. 012 - 887 228, beim Bootsanleger nach Siem Reap oder Saigon, Billard & Musik, gemischte Speisekarte.
■ **Sharky Bar**, Tel. 023 - 211 825, www.sharkysofcambodia.com, Musikbar & Restaurant, Billard, Bier ab 1 Dollar, Großbildleinwand, beliebter Treff.

Phnom Penh // Zentrum
0 km 1,5
Altes Stadion
70
72
Japanische Freundschafts-Brücke
Wat Phnom
UNICEF
Sisowath Quay
National-Museum
Boeung Kak See
Simon´s GH
Sunway
Ratamon
Malaria
Tok Thom
Fähre nach Siem Reap
Hauptbahnhof
La Marmite
Rose Bar
Dingo Bar
Riverhouse
Confederation de la Russie
Tonle Sa
Salt Lounge
Pizza
Sharky Bar
Kampuchea Krom
Riverside
XXL
K-West
Charles De Gaulle
Tee & Coffee World
Sorya Shopping Center
Heart of Darkness Disco
California II
Billabong
Shanghai
Frizz Café
Ginger Monkey
Friends
Rory´s Pub
FCC
Monivong Blvd.
Gum Bar
Pop
Sothearos Blvd.
Königs-Palast
Norodom Blvd.
Deutsche Botschaft
Bangkok Air
Markt (Phsar Thmey)
Dan Meats
Freebird
Sugar Palm
© cyberto

Party

Neue Bars wachsen über Nacht wie Pilze aus dem Boden. Nach den unsicheren Jahren der Vergangenheit herrscht **Aufbruchstimmung** und immer mehr Westler versuchen hier ihr Glück mit Gastronomie oder abenteuerlichen Geschäften.

- **Dingo Bar**, Tel. 012 - 303 531, www.dingobar.com, Kneipengerichte und kaltes Bier für einen Dollar, Sport-TV, australisches Management.
- **Heart of Darkness**, Diskothek, wohl einer der beliebtesten Clubs der Stadt, samstags häufig auch europäische DJs und viele Yama-Raucher.
- **Shanghai Bar**, Tel. 012 - 804 836, www.bayonpearnik.com/shanghai-bar, großer Tresen mit freundlichen Hostessen, Billard, abwechslungsreiche Speisekarte, lockere Atmosphäre.
- **Martini Pub**, bekanntester Nachtclub zwischen Saigon und Bangkok, Animiermädchen und kaltes Bier, Diskothek und großer Biergarten mit Restaurant und Billard, im Süden der Stadt gelegen, Tel. 012 - 657 166, www.martini-cambodia.com.

PhnomPhen // Straßenverkauf

Was noch

- **Dragon Tour**, Lake Side, Sangkat Srah Chork, direkt auf der Meile gelegen, Tel. 855 -12 / 234 271, eMail: dragontour_str@hotmail.com, Bustickets, etwa 1 US $ Aufschlag für Transport zur Busstation. Auch Flugtickets, Visa-Verlängerung, Taxi Service.

Verkehrsverbindungen

Der **Fährhafen** liegt am Sisowath Quay (Riverfront Road), Mopedtaxis warten stets auf neue Boote und Kunden, Fahrpreis zur Lake Side 1500 Riel. **Mekong Express Tour Boat**, Flussfahrten von Phnom Penh nach Siem Reap, täglich Abfahrt um 7:00 h, Ankunft gegen 13:00 h, Sisowath Quay, Tel. 023 - 427 518, 012 - 256 241, eMail: mekongexpress@online.com.kh, www.mekongexpresstourboat.com, ab 21 US $. S. auch Compagnie Fluviale du Mekong, Tel. 023 - 216 070, eMail: CFM@online.com.kh
Die **Ho Wah Genting Bus Station** ist am südwestlichen Ende vom Central Market (Phsar Thmey) zu finden. **Mekong Express Limousine Bus**, täglich nach Siem Reap um 7:30 h, gepflegter Bus mit AC, Fahrpreis 6 US $, Tel. 012 - 787839, 023 - 427 518. Auch **Linienbusse** für 4 US $. Ebenfalls regelmässige Busverbindung nach Sihanoukville, Fahrpreis 3 US $, Fahrzeit ca. 4 Stunden. Nach Battambang (291 Kilometer) fahren zweimal täglich Busse, 14.000 Riel.

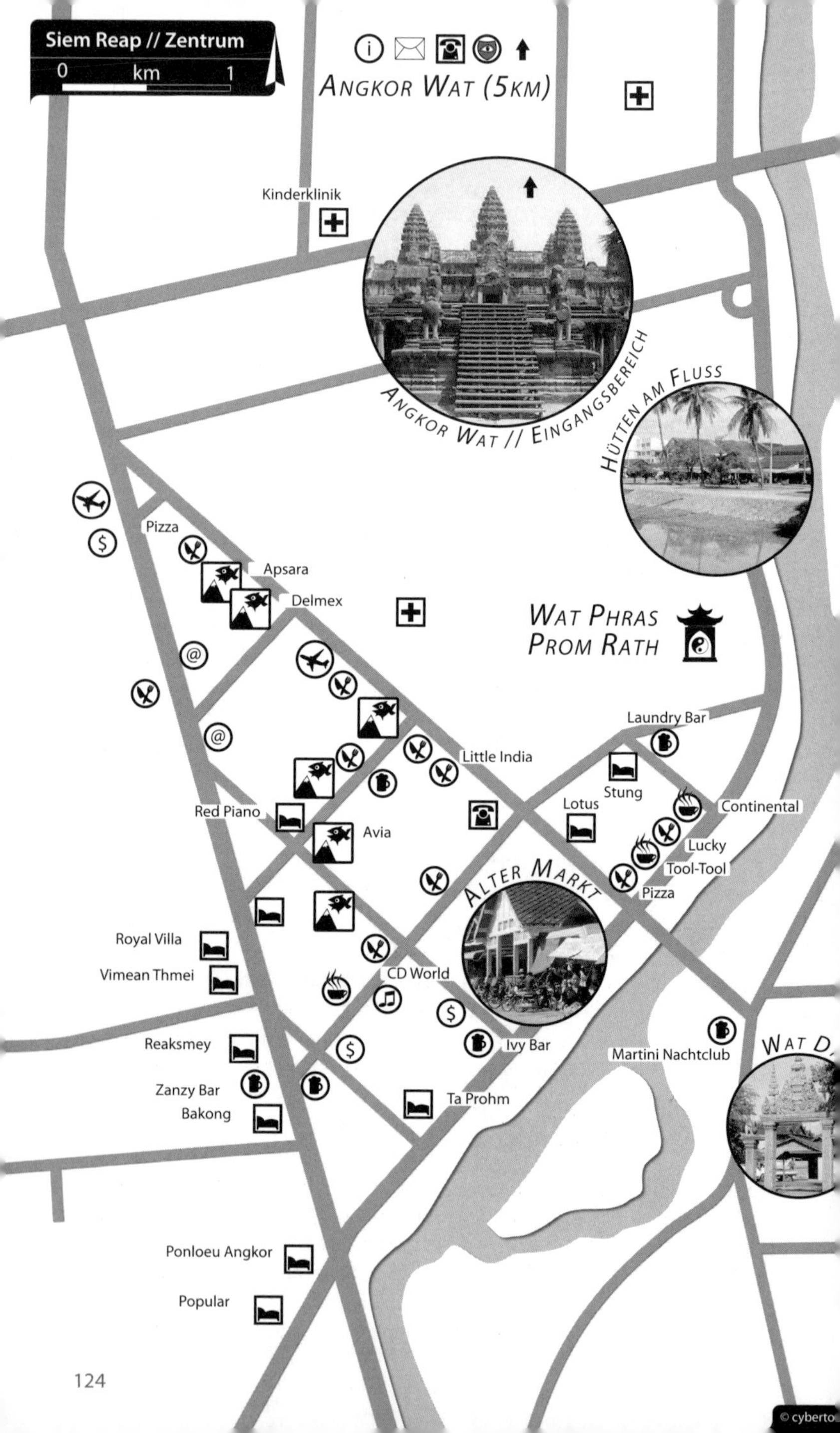

Siem Reap // Zentrum
0 km 1
Angkor Wat (5km)
Kinderklinik
Angkor Wat // Eingangsbereich
Hütten am Fluss
Pizza
Apsara
Delmex
Wat Phras Prom Rath
Laundry Bar
Little India
Stung
Lotus
Continental
Red Piano
Avia
Lucky
Tool-Tool
Alter Markt
Pizza
Royal Villa
Vimean Thmei
CD World
Reaksmey
Ivy Bar
Martini Nachtclub
Zanzy Bar
Bakong
Ta Prohm
Ponloeu Angkor
Popular

Ebenso **Zugverbindung** (6:00h Abfahrt, 12.500 Riel, 12 Stunden Fahrzeit) und **Fährverbindung** von Siem Reap. Busse nach Ho Chi Minh City fahren täglich um 6:30 h ab, Fahrpreis 9 US $. Phnom Penh Ho Wah Genting Transport Co. Ltd., Tel. 023 - 210 359, eMail: howah@online.com.kh. In der Stadt sind die zahlreichen **Moped-Taxis** bestes Verkehrsmittel, die Fahrpreise liegen je nach Distanz und Tagespreis zwischen 0,50 US $ und 1 US $.

Mit **Vietnam Airlines** regelmässige Flugverbindung nach Saigon (Ho Chi Minh City), Vientiane und Hanoi. Tel. 023 - 363 396 / 97, www.vietnamairlines.com. Mit **President Airlines** günstige Flüge nach Bangkok, ca. 3.500 Bt. für einen einfachen Flug, www.presidentairlines.com. Mit **Siem Reap Airways** Flüge nach Siem Reap. Taxis zum Flughafen kosten rund 7 US $, Fahrzeit etwa 30 Minuten. Günstiger wird´s mit den Moped-Taxis für 2 US $.

Statue // Angkor Wat

Siem Reap

Die Stadt zählt neben Phnom Penh und Sihanoukville zu den neuen Touristenzentren des Landes. Attraktion ist die größte Tempelanlage von ganz Asien in unmittelbarer Nachbarschaft von Siem Reap, **Angkor Wat** (Tagespass 20 US $). Die weitläufige Anlage besucht man am besten mit einem Fahrrad oder Motorroller, auch viele Guesthouses bieten für 5 US $ einen Fahrer samt Feuerstuhl für den Tagesausflug an.

Tipp:
www.cambodiapocketguide.com

Achtung! Nach Einbruch der Dunkelheit sollten Spaziergänge in unbeleuchteten Seitenstraßen unterlassen werden. Reisepass und Wertsachen gehören in den Hotelsafe. Preise für Mopedtaxis sind vor der Fahrt zu verhandeln, ebenso sollte man dem Fahrer trauen können. Über Guesthouse oder Restaurant kann man sich erkundigen, wer hier in Frage kommt. Für 1 US $ wird man auch gern zu später Stunde wieder aus der Bar abgeholt.

Siem Reap // Docks

REISEROUTEN

REISEROUTEN

Unterkunft

■ **Chao Say Guesthouse**, Old Market Area, Tel. 063 - 964 381, Fan & AC, TV, versch. Kategorien, Budget-Unterkunft ab 4 US $.

■ **Bakong Lodge**, 1 Sivatha St., Old Market Area, Tel. 063 - 963 419, Travellerherberge, preislich wie das Chao Say GH, Ermässigung bei längerem Aufenthalt.

■ **Angkor Daisy Guesthouse**, Loktaneuy Street, Tel. 855 - 12 / 877 623, eMail: ads_gh2003@yahoo.com, www.geocities.com/ads_gh2003/index.html, saubere Zimmer mit Bad 5 US $ (normalerweise auf 3 US $ zu drücken), Restaurant, Internet, Mopeds zu leihen, Bustickets, Mopedtaxi für 1 Tag Angkor Wat 5 US $, Anlaufstation der Busunternehmen von Poipet.

■ **Mandalay Inn**, Sivatha Street, Tel. 012 - 268 237, eMail: mandalayinn@gmail.com, großzügige Zimmer im traditionellen Khmer Design, Restaurant, zentrale Lage, ab 5 US $ aufwärts.

■ **Two Dragons Guesthouse**, Wat Bo Area, Tel. 012 - 868 551, eMail: twodragons@talesofasia.com, europäisches Management, sauber, viele Infos & Touren, Restaurant, 7 US $ - 18 US $.

■ **Shinta Mani**, Hotel & Restaurant, Oum Khun Street, hinter dem Postgebäude, Tel. 063 - 761 998, eMail: gm@shintamani.com, www.shintamani.com, die Küche zählt zu den besten der Stadt,

Essen und Trinken

Das erste europäische Restaurant öffnete Mitte der 90er Jahre in Siem Reap, heute gilt die „Pub Street" beim Old Market als bedeudentste Partymeile der Stadt.

■ **The Soup Dragon**, zwei Häuserblöcke vom alten Markt entfernt, Tel. 063 - 964 933, eMail: soupdragon@camintel.com.kh, www.asianexp.net, Speisen aus Ost und West, zum Sonnenuntergang schöner Blick von der Dachterrasse, Happy Hour von 15:30 h bis 19:30 h, kaltes Bier & scharfe Drinks.

■ **Taj Mahal Restaurant**, Old Market Area, Tel. 063 - 963 353, eMail: tmckoc@yahoo.com, erstklassiges Chicken Tandoori und andere Gaumenkitzler, Speisekarte mit Fotos für Zweifler.

Party

■ **Laundry Music Bar**, Tel. 016 - 962 026, in der Nähe vom alten Markt, regelmässige Parties, nette Crew, viele Expats und Langzeittraveller.

■ **Zanzybar Pub**, Sivatha Street, Zentrum, Tel. 012 - 631 140, deutsches Management, Billard, charmante Hostessen, kaltes Bier.

Was noch

■ **BNT Internet Café**, neben der Laundry Bar, Tel. 855 - 12 858 571, eMail: somvireak@yahoo.com, www.tourkh.com.

■ **Neak Krorhorm Travel & Tours**, Busgesellschaft, gegenüber vom Alten Markt, Tel. 063 - 964 924, 012 - 729 393, eMail: nkhtours@hotmail.com

■ **McDermott Gallery**, FCC Komplex, Siem Reap, Tel. 012 - 615 695, www.mcdermottgallery.com.

Verkehrsverbindungen

Siem Reap ist mit ***Angkor Wat*** eine reizvolle Zwischenstation auf dem Wege von Thailand nach Phnom Penh und weiter in den Süden nach Sihanoukville. Ein Abstecher, der auch für Sporttaucher interessant ist.

Mehrere **Busse** fahren täglich nach Phnom Penh, Fahrpreis 4 US $, Fahrzeit ca. 4 Stunden. Bustickets in den Guesthouses kosten meist 1 US $ Aufschlag, dafür wird man direkt im Hause abgeholt. Ebenfalls **Bootsverkehr** über die Flüsse, www.cf-mekong.com. Mit **Vietnam Airlines** regelmässig nach Ho Chi Minh City und nach Hanoi, Tel. 063 - 964 488, www.vietnamairlines.com. Verbindungen nach Thailand mit **Bangkok Airways**, www.bangkokair.com, Tel. 023 - 722 545 / 47, ebenfalls Flüge nach Singapur, Vientiane (Laos) und Danang (Vietnam). Auch Busse von Trat / Koh Chang in Thailand.

Beliebt ist die Anreise mit dem **Bus** von Bangkok via Poipet, Tickets werden in der Khao San Road bereits ab 250 Bt. verkauft, Abfahrt morgens um 7:00 h. An der Grenze kostet das Visum dann 30 US $, ein Passbild sollte im Gepäck sein. Die **Straße** von der kambodschanischen Grenze bis nach Siem Reap ist in einem erbärmlichen Zustand, Asphalt ist in dieser Trockenregion noch unbekannt. Häufig muss defekten Brücken ausgewichen werden, die LKWs mit dem Baumaterial aus Thailand bleiben denn auch gleich zu Dutzenden in den Sanddünen stecken. Das Abenteuer wird komplett, wenn der Bus dann in der Dämmerung ohne Sprit kurz vor den Stadttoren liegen bleibt. Auf diese Weise kann die Reise von Bangkok rund 14 Stunden dauern. Zu guter Letzt werden die erschöpften Reisenden dann in ein Guesthouse des Busunternehmens verfrachtet, müde Proteste verfallen angesichts eines kalten Bieres und einer erfrischenden Dusche.

Siem Reap // Am Fluss

Die Hochebene von Bokor.

Der von dichtem Dschungel bedeckte **Nationalpark** birgt eine lang umkämpfte **Ruinenstadt** aus der französischen Kolonialzeit und gilt als Rückzugsgebiet von wilden Elefanten, Tigern und anderen vom Aussterben bedrohten Tierarten. Mit dem Putsch von Premier Lon Nol von 1970 rutschte das Land immer tiefer in den **Vietnamkrieg**, in den folgenden Jahren bekämpften sich in der Hochebene nicht nur die Bauern-Guerillas der Roten Khmer und Vietnamesen. Erst seit 1998 dürfen Ausländer zu diesen südlichen Ausläufern des dicht bewaldeten *Kardamon*-Gebirges vordringen. Das 140.000 Hektar große Gebiet wurde noch bis vor wenigen Jahren von den Roten Khmer terrorisiert und **Landminen** gelten immer noch als Plage. Die neu gegründete Umweltschutzorganisation ***Wild Aid*** geht heute rigoros gegen Wilderer und Ökobanditen vor, auch wenn die manchmal mit Handgranaten antworten. Wildhüter und Ranger der Organisation haben nicht selten vor wenigen Jahren noch die Uniformen der Pol Pot - Rebellen getragen - eine Generalamnestie macht´s möglich. **Organisierte Trekkingtouren** mit bewaffneten Begleitern einschließlich Übernachtung im Dschungel sind denn auch nur etwas für robustere Naturen. Rotweiße **Totenkopfschilder** weisen auf Minen hin.

- www.khmer440.com
- www.canbypublications.com

REISEROUTEN

Sihanoukville *(Karte auf S. 138)*

Die Hafenstadt wurde in den 50er Jahren von den Franzosen geplant, als der Seehandel nicht mehr über den ***Mekong*** und das vietnamesische Flussdelta abgewickelt werden konnte. Gegen Ende des Vietnamkrieges wurden hier schwere Gefechte zwischen Amerikanern und Roten Khmer gemeldet, die Stadt musste mehrere Bombardements aushalten. Heute gilt Sihanoukville als Tor zum Süden, Kambodschas touristische Strandmeile und als beliebtes Naherholungsziel der Städter aus Phnom Penh. Der Küstenstreifen zwischen ***Kep*** und ***Kampot*** ist für den Wassersport längst noch nicht erschlossen und gilt als beeindruckende Naturschönheit. Ein Eldorado für Pioniere und Entdecker!

Die Strände

- **Ochheuteal Beach**, beliebteste Sandmeile Sihanoukvilles. Der lange schmale Streifen ist mit unzähligen Bars und Strandrestaurants gepflaster, am Wochenende drängen sich hier Besucher aus Phnom Penh neben Westlern. Hartnäckige Kinder verkaufen frische Früchte für einen Dollar („...buy fruit, Mister!") und beeindrucken durch vollkommene Englischkenntnisse.
- **Serendipity Beach**, liegt am nördlichen Ende vom Ochheuteal Beach. Hier stehen einige Bungalowanlagen, die einzigen von Sihanoukville direkt am Strand. In den Restaurants finden

Sihanoukville // Independance Beach △

Sihanoukville // Victory Beach ◁

Nächste Doppelseite:
Wasserfall im Bokor Nationalpark

Sihanoukville // Hawaii Beach ▽

△ *Französische Kolonialruinen // Bokor Hochebene (S. 128)*
▽ *Tiffany´s Show // Pattaya*

Feuershow am Strand △

Fette Beute // Rote Schnapper ▽

Garnelen in der großen Markthalle von Phnom Penh

Manta-Rochen // Koh Racha Yai

△ *Rochenfleisch*

▷ *Weißspitzenhochseehai*

▽ *Rotfeuerfisch // Koh Prins*

häufig Traveller-Parties statt, gerade britische DJs sind hier häufig aktiv.

■ **Victory Beach**, ein etwa 2 Kilometer langer schmaler Sandstreifen mit Holzliegen und einfachen Restaurants. Ein felsiger Hügel teilt den Strand in zwei Teile, der südliche Abschnitt trägt den Namen Hawaii Beach oder auch King´s Beach.Von hier fahren auch die Boote zu den vorgelagerten Inseln. Der nördliche Abschnitt von Victory Beach bietet spektakuläre Sonnenuntergänge und Blicke auf einfahrende Schiffe.

■ **Independance Beach**, auch 7-Chann Beach genannt. Am nördlichen Ende des schmalen Sandstreifens liegt ein kleiner See mit Frischwasser, in dem angeblich auch Krokodile leben sollen.

■ **Sokha Beach**, etwa 1 Kilometer langer Strand, beherrscht durch das neue Sokha Beach Resort. Entsprechend gehobene Unterkünfte, Restaurant und Wassersportangebote.

■ **Otres Beach**, der nächste Strand südlich vom populären Ochheuteal Beach. Im Gegensatz dazu nur wenige Menschen und Sonnenschirme. Das Dorf liegt etwa 1 Kilometer vom Strand entfernt.

■ **Ream Beach**, im gleichnamigen Ream Nationalpark gelegen. Hier trifft man mehr Fischer als Touristen. Ein Guesthouse bietet günstige Unterkunft in der Natur ab 5 US $. Korallenriffe und Delfine laden auch ein zu spontanen Schnorcheltrips. Die vorgelagerten Inseln können über in Sihanoukville gebuchte Tagesausflüge oder vor Ort geheuerte Fischerboote besucht werden.

Augen auf! Wertsachen gehören nicht an den Strand. Immer wieder werden leichtsinnige Touristen beklaut, die mal eben schwimmen gehen und dabei Kamera oder Uhr neben dem Badetuch zurücklassen. Das ist in dem Falle ein persönlicher Beitrag zur Entwicklungshilfe in Kambodscha.

Unterkunft

Die einstige Traveller-Enklave **Weather Station Hill** hat in den letzten Jahren verstärkt Konkurrenz bekommen. Nicht wenige „Farang" aus Thailand versuchen nun ihr Glück mit Guesthouses und Restaurants in der ganzen Stadt.

■ **Yin & Yang**, nicht weit vom Weather Station Hill neben dem Snake House, Garten, deutsches Management, Zimmer ab 3 US $, Restaurant auch mit deutscher und französischer Küche, Tel. 012 - 775 145, eMail: maxxxx9999@yahoo.com, jede Menge Spiele von Backgammon bis Billard, Verleih von Schnorchel & Maske, auch Bootsausflüge.

■ **BarRu**, Tel. 012 - 388 860, nicht weit vom Ochheuteal Beach, holländisches Management und britische Aushilfen, viele Traveller, Billard, TV & Video mit über 400 Filmen, Late Night Bar, Restaurant, regelmässige Parties, gutes Ganja, Zimmer ab 4 US $.

■ **Geckozy**, Zentrum, Tel. 012 - 495 825,www.geckozy-guesthouse.com, Restaurant, Garten, Chill Lounge, saubere Zimmer mit Bad ab 4 US $.

REISEROUTEN

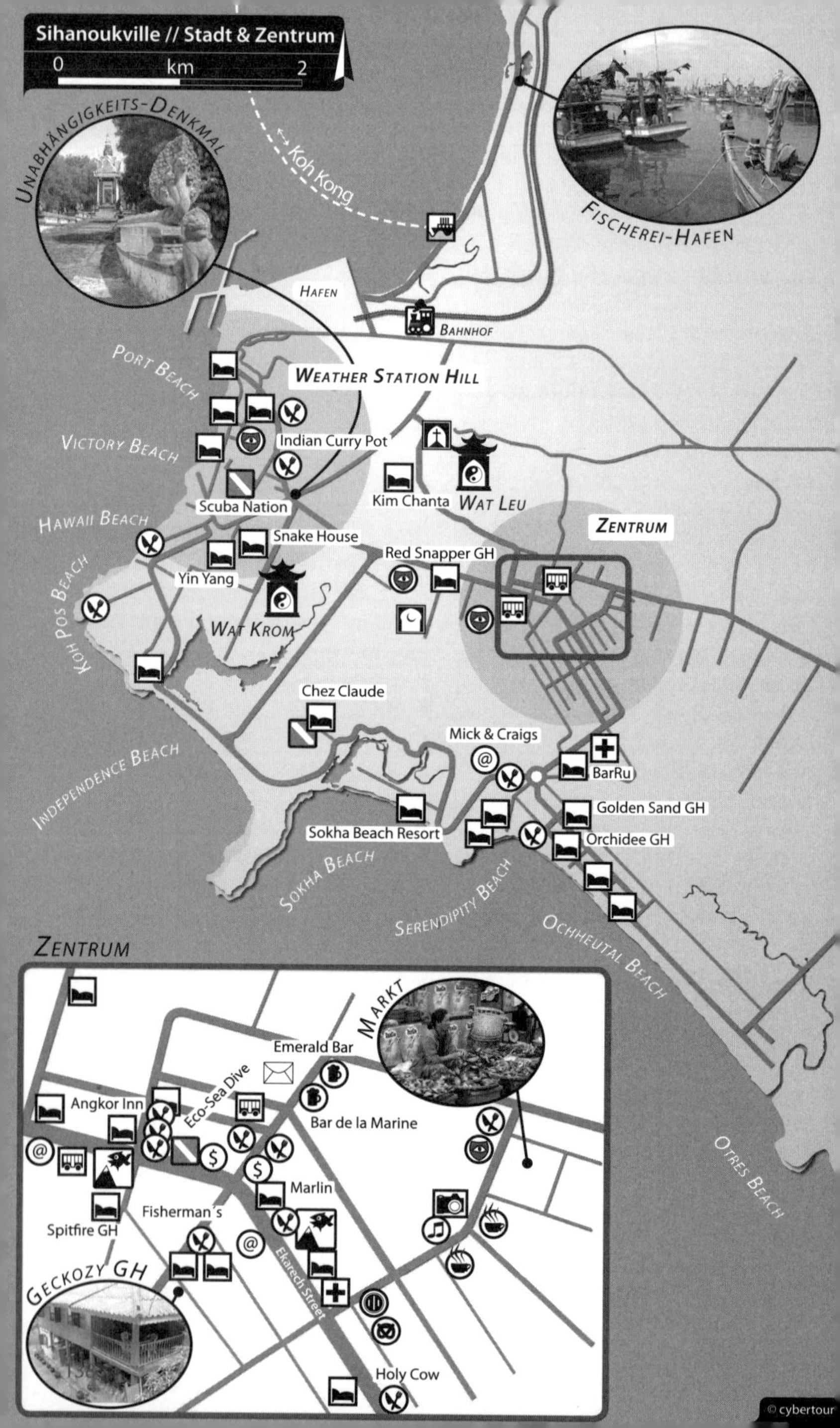

Sihanoukville // Stadt & Zentrum
0
km
2
Unabhängigkeits-Denkmal
Koh Kong
Fischerei-Hafen
Hafen
Bahnhof
Port Beach
Weather Station Hill
Victory Beach
Indian Curry Pot
Kim Chanta
Wat Leu
Scuba Nation
Hawaii Beach
Snake House
Red Snapper GH
Zentrum
Yin Yang
Koh Pos Beach
Wat Krom
Chez Claude
Mick & Craigs
Independence Beach
BarRu
Golden Sand GH
Sokha Beach Resort
Orchidee GH
Sokha Beach
Serendipity Beach
Ochheutal Beach
Otres Beach
Zentrum
Markt
Emerald Bar
Eco-Sea Dive
Angkor Inn
Bar de la Marine
Marlin
Fisherman´s
Spitfire GH
Geckozy GH
Ekareach Street
Holy Cow
© cybertour

■ **Orchidee Guesthouse**, 23 Tola Street, Ochheuteal Beach, Tel. 034 - 933 639, eMail: orchidee@camintel.com, www.orchideeguesthouse.com, nette Anlage mit Pool, AC, TV, Minibar, Restaurant.

■ **Golden Sand Hotel**, Ochheuteal Beach, Sihanoukville, Tel. 034 - 933 607, eMail: goldensand@everyday.com.kh, www.hotelgoldensand.com, modernes fünfstöckiges Gebäude mit Pool, Kreditkarten werden akzeptiert, gepflegter Komfort für Anspruchsvolle.

Essen und Trinken

■ **Indian Curry Pot**, Weather Station Hill, nicht weit vom Scuba Nation Diving Center, Tel. 034 - 934040, eMail: gujrat_links@yahoo.co.uk, Lassi & Chicken Tikka Massala, am Wochenende Buffet „All-you-can-eat" für 2,50 US $. Unterkunft ab 3 US $, Verleih von Motorrädern, Ausflüge, Bustickets, Visa-Verlängerung, Taxiservice, Bootstrips zu den vorgelagerten Inseln auch für Schnorchler.

■ **Red Snapper Bar & Restaurant**, bei der vietnamesischen Botschaft, auch Zimmer ab 4 US $, westliches Management, gratis Fahrradbenutzung für Gäste, Internet, Billard, Tischtennis, großes Angkor Bier 1,75 US $, das Gläschen Jim Beam gibt´s für 1,25 US $, Thaiküche & Travellerfood, auf den importierten Heinz Ketchup ist man zu Recht stolz.

■ **Fisherman´s Den**, Bar & Restaurant, Steaks & Pommes, Dachterrasse, australisches Management, Billard, Sport-TV, auch Zimmer ab 5 US $, Tel. 034 - 933 997, gegenüber der Caltex Tanke. Hostessen versorgen durstige Trinker mit kaltem Bier und ihrer ganzen geschätzten Aufmerksamkeit. Brian und John organisieren auch Bootsausflüge u. Hochseeangeln mit Tradewinds Charters, eMail: nzbrian@camintel.com

Party

Wechselnde Travellerparties, Termine gibt´s u. a. bei der europäischen Crew vom **Guesthouse BarRu**. Die Diskothek **Biba**, genannt „Chickenfarm", ist Anlaufstelle für einsame Herzen und Schlaflose.

Was noch

■ **Mick & Craigs Restaurant**, bei den Golden Lions, Nähe Ochheuteal Beach, Internet und gebrauchte Bücher, Fahrkarten und Bustickets: Minibus nach Koh Kong 13 US $, Boot nach Koh Kong 15 US $, Bus nach Phnom Penh 3 US $, Taxi nach Phnom Penh ca. 25 US $, Bus nach Siem Reap 7 US $, Taxi nach Kampot ca. 20 US $.

Fischerdorf bei Sihanoukville

REISEROUTEN

REISEROUTEN

Tauchen & Schnorcheln

■ **Sokha Beach Resort**, Sokha Beach, Tauchbasis und andere Wassersportangebote wie Jet Ski, Wasserski, Parasailing oder Schnorchelfahrten.

■ **Scuba Nation Diving Center**, Weather Station Hill, Tel. 012 - 604 680, eMail: scubanation@yahoo.com, www.divecambodia.com, PADI Basis, auch ein Ableger in Phnom Penh, erste Tauchbasis in Kambodscha.

■ **Eco Sea Dive Cambodia**, Ekareach St., Zentrum, Tel. 012 - 654 104, eMail: dives@ecosea.com, www.ecosea.com, PADI Standards, Betreiber Fred ist Ami, die Crew besteht überwiegend aus Franzosen, auch Ausflüge zum Ream Nationalpark und Bokor Mountain.

■ **Chez Claude**, Sihanoukville, Tel. 012 - 824 870, Claude betreibt seit 1994 professionelle Tauchausflüge und Hochseefischen, auch für Schnorchler eine Anlaufstelle.

■ **Islands of Ream Boat Tours**, Buchung im Apsara Restaurant, Sopheakmongkol Street, Tel. 012 - 3400 48, Bootsauflüge zu den Inseln und Schnorcheltrips.

■ **Yin Yang Guesthouse**, Tel. 012 - 775 145, eMail: maxxxx9999@yahoo.com, Bootsausflüge zu den Inseln & Schnorchelfahrten, Schnorchelequipment zum Verleih.

■ **Mash Melting Pot**, Weather Station Hill, Tel. 012 - 913 714, Guesthouse ab 4 US $, Jeep-Touren und Schnorchelfahrten, Snacks u. Wasser sind inklusive.

■ **Chez Mari-Yan Guesthouse**, Tel. 012 - 828 003, Schnorchelfahrten zu den Inseln Koh Tas und Koh Rong Samlem.

■ **Ana Internet and Travel**, Tel. 012 - 915 301, eMail: anainternetandtravel@yahoo.com, Ekareach Street, Zentrum, Bootsausflüge zu den Inseln, auch Internet, Flugtickets, Busfahrscheine, Ausflüge, Visa-Verlängerung.

■ **Red Snapper Tours**, Red Snapper Restaurant, Tel. 012 - 527 043, Bootsausflüge und Touren zu Bokor Mountain.

■ **Sokun Travel & Tours**, Tel. 012 - 965 079, eMail: sothy2003min@yahoo.com, tägliche Bootsausflüge mit Schnorchelstops nach Koh Tas, Mittagessen und Schnorchelequipment inklusive, 10 US $. Auch Fahrscheine jeglicher Art, Taxi-Service nach Kampot oder Thailand, Bokor Mountain Ausflüge, Visa-Verlängerung, Motorräder zum Verleih. Weather Station Hill und Serendipity Beach.

■ **Tradewind Charters**, Fishermen´s Den, Tel. 012 - 702 478, 034 - 933 997, eMail: nzbrian@camintel.com, in der Saison tägliche Ausfahrten mit 18-Meter Boot, jeweils montags, mittwochs, freitags. Hochseefischen und Schnorchelfahrten, Equipment und Lunch sind inklusive, das Boot ist mit moderner GPS-Technik ausgerüstet. Tagestrips ab 20 US $ pro Nase.

■ **Roneth Tour Service**, Serendipity Beach, Tel. 012 - 613 899, eMail: ronethtour@yahoo.com, tägliche Bootsausfahrten zu den Inseln, auch Tickets jeglicher Art und Trekkingtouren zum Ream Nationalpark sowie Bokor.

- **Romney Tour Service**, Tel. 016 - 861 459, eMail: romneytour@yahoo.com, am Ochheuteal Beach neben dem Seaside Hotel, Bootsfahrten zu den Inseln und Tickets für die Weiterreise.

Verkehrsverbindungen

Mehrere **Busse** täglich nach Phnom Penh, u. a. um 7:15 h und um 8:00 h, Fahrpreis 3 US $, Fahrzeit ca. 4 Stunden.
Das **Boot** nach Koh Kong (Thai-Grenze) kostet 15 US $, Tickets gibt´s u. a. in der BarRu oder bei Mick & Craigs Restaurant, Tel. 012 - 987 073, eMail: ecotrektourscambodia@yahoo.com. Abfahrt 12:00 h, Fahrzeit 4 Stunden. In Koh Kong warten bereits Horden von **Mopedtaxis** und **Pickup´s** auf die Reisenden, die wilde Jagd zur thailändischen Grenze kostet 1 US $ pro Nase. Auf der anderen Seite fahren **Minibusse** für 100 Bt. bis nach Trat oder gleich direkt bis nach Bangkok. In Trat fahren stündlich **Busse** nach Bangkok, so dass man die Strecke von Sihanoukville nach Bangkok bequem an einem Tag schaffen kann. Der Minibus nach Koh Kong kostet 13 US $, Abfahrt 7:00 h, Fahrzeit etwa 6 Stunden. Bustickets nach Ho Chi Minh City (Vietnam) ab 13 US $ (Touristenvisum 30 Tage kostet 35 US $).
Ein Zug fährt jeden Morgen um 6:00 h von Sihanoukville nach Kampot, ca. 8 Stunden Fahrzeit, ein Erlebnis.

Die Spots

Tipp: www.asiadivesite.com

Die Küste ist für den Tauchsport bei weitem noch nicht vollständig erschlossen. Vietnamesische Fischer sind die Pioniere, diese Burschen entdecken bei ihren Fangfahrten häufig fischreiche Riffe abseits der gängigen Bootsrouten.
Die nahe gelegenen Inseln sind Ziele der Touranbieter in Sihanoukville, Schnorchelfahrten sind denn auch sehr beliebt. Die Sichtweite unter Wasser ist hier allerdings häufig getrübt, je nach Jahreszeit. Empfehlenswerter sind daher die weiter entfernt gelegenen Inseln oder auch ***Condor Reef.*** Die nahe gelegenste Insel heißt ***Koh Pos (Snake Island)***, gerade mal 800 Meter von Victory Beach entfernt. Das Schnorcheln lohnt nicht unbedingt, Attraktion für Besucher sind die schönen Strände. ***Koh Koang Kang (Koh Tas)*** ist mit dem Boot in ca. 45 Minuten zu erreichen, Schnorchler finden hier bunte Rifffische und Korallengärten vor. Die Insel ***Koh Rong Samlem*** ist in etwa 2 Stunden zu erreichen und wird häufig für komplette Tagesausflüge angefahren. Am nördlichen Ende der Insel liegen einige geschützte Strände, von denen Koh Rong Samlem insgesamt neun zu bieten hat. Die Riffformationen sind sowohl für Taucher als auch für Schnorchler geeignet.

Sihanoukville // Tauchspots
0 km 10
Koh Damlong
Koh Mano
Koh Ta Team
Koh Rong
Condor Reef
Koh Tang - Am Strand
Koh Kon
Sacaren P
Koh Rong Samlem
Koh Rong Samlem - Am Strand
Koh Prins
Golf von Thailand
Koh Tang
Koh Poulo Wai

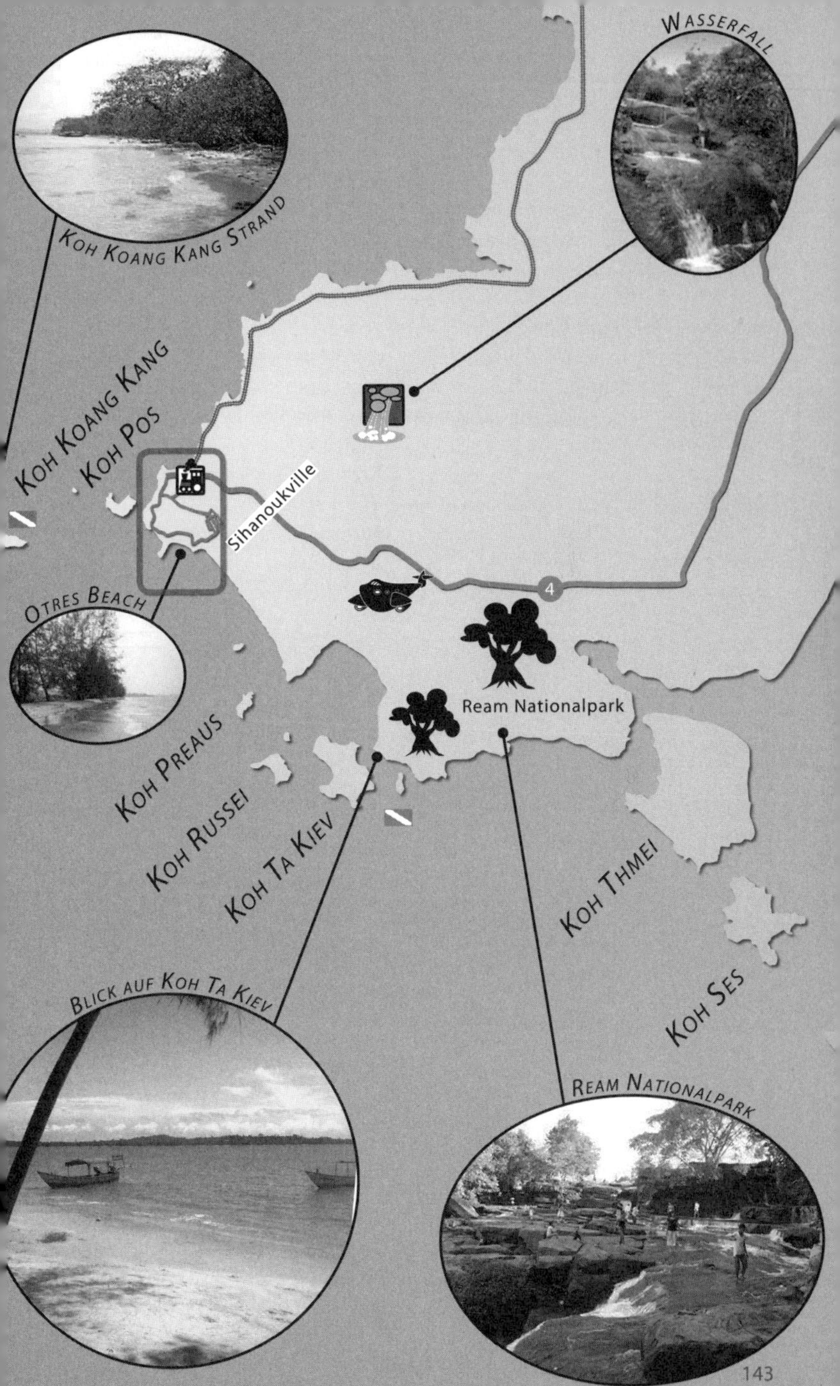
Wasserfall
Koh Koang Kang Strand
Koh Koang Kang
Koh Pos
Sihanoukville
Otres Beach
4
Ream Nationalpark
Koh Preaus
Koh Russei
Koh Ta Kiev
Koh Thmei
Koh Ses
Blick auf Koh Ta Kiev
Ream Nationalpark

Die südlichen Inseln vor Sihanoukville sind bei Nordwind vom Festland geschützt und Schnorchler finden dann hier die besseren Bedingungen. ***Koh Chraloh***, ***Koh Khteah*** oder ***Koh Ta Kiev*** sind immer Garanten für anspruchsvolle UW-Ausflüge. Die Insel ***Koh Thmei*** liegt im Ream Nationalpark und wird wegen der schönen Strände auch häufig von Ausflugsbooten angefahren. Mit etwas Glück sind auch Delfine zu beobachten.

Die besten Tauchreviere liegen etwa 5 bis 8 Bootsstunden von Sihanoukville entfernt, so dass eine Übernachtung vor Ort erforderlich ist. Südwestlich vom Festland liegen die verheißungsvollen Inseln ***Koh Prins***, ***Koh Tang*** und ***Poulo Wai***. Die Sichtweiten hier sind wesentlich besser als im nahen Küstengewässer und die Riffe erlauben Tauchtiefen zwischen 15 und 40 Metern. Mehrere **Schiffswracks** vor Koh Prins zeugen von dem verhängnisvollen Abzug der amerikanischen Streitkräfte im Mai 1975, als Einheiten der Roten Khmer die Flotte beschossen. Koh Tang ist auch bekannt für riesige **Manta-Rochen**, die hier zu beobachten sind.

Mantarochen bei Koh Tang

Seeschildkröte

Tauchbedingungen

Wassertemperaturen um 28 ° C, optimale Sichtverhältnisse und eine unerschöpfliche Vielfalt an Riffen und Schiffswracks bieten beste Grundlagen für das submarine Vergnügen des Tauchsports. Eine grandiose Unterwasserwelt mit 18 UW-Nationalparks macht Thailand zu einer ganzjährigen Wassersportdestination. Sicherheitsstandards und medizinische Versorgung brauchen den europäischen Vergleich nicht zu scheuen.
Das **Wetter** im Süden Thailands wird vom Nordost- und vom Südwest-Monsun bestimmt. Phuket und die Andamanensee haben Saison von November bis Mai, während in den übrigen Monaten mit starken Regenfällen gerechnet werden muss. In dieser Zeit ist der Golf von Thailand für Tauchgänge zu empfehlen, da hier wesentlich weniger Niederschlag fällt und die Region ganzjährig bereist werden kann.

Die Inselwelt der Andamanensee gilt als Thailands bestes Tauchrevier und kann auch internationalen Vergleichen mit den Seychellen oder Malediven standhalten. ***Phuket*** ist hier seit Jahren eine feste Größe und aufgrund der zuverlässigen Infrastruktur idealer Ausgangspunkt, um die etwa 90 km nordwestlich vorgelagerten ***Similan Islands*** u. a. zu erreichen. Dieser maritime Nationalpark besteht aus neun unbewohnten Inseln, die insgesamt über 25 verschiedene Tauchplätze bieten. Die Ostseite der Inselgruppe ist gleichermaßen für Anfänger wie für Fortgeschrittene geeignet, sind doch Riffe und Korallengärten bei geringer Strömung bis zu Tiefen von 40 Meter zu betauchen. Die westlichen Inseln mit ihren vom Meerwasser gewaschenen Granitblöcken garantieren ein schnelles Strömungstauchen; Felsvorsprünge und Steilwände sind hier mit bunten Weichkorallen bewachsen. Das kristallklare Wasser ist Heimat von Großfischen und kapitalen Jägern wie Schwarzspitzen-Riffhaien, Zackenbarschen, Muränen, Marlins, Leopardenhaien, auch Walhaie und falsche Orcas werden hier regelmäßig gesichtet. Die feinpudrigen Sandstrände sind auch ideale Plattformen für Entdeckungen mit dem Schnorchel, zumal die gesunden Korallenstöcke bereits 2 Meter unter der Wasseroberfläche blühen. Auf der Insel Koh Miang, Insel Nr. 4, können müde Gäste in einfachen Bungalows oder im Zelt nächtigen. Fast alle Tauchschulen in Phuket bieten mehrtägige Safaris mit dem Tauchboot an, vor dem Tsunami Weihnachten 2004 galt Khao Lak ebenfalls als erste Adresse und Anlaufstelle für entsprechende Tauchsafaris. Die Similans können ganzjährig betaucht werden, die Hochsaison reicht von Oktober bis Mai. Die Sichtweite reicht im Schnitt von 18 bis 25 Meter, wobei im Frühling bei ruhiger See auch Sichtweiten von bis zu 40 Meter erreicht werden können.

Etwas weiter nördlich von den Similan Inseln stößt man auf den

Koh Surin Nationalpark und die Legende ***Richelieu Rock***, wo häufig geschmeidige Planktonfresser wie der Teufelsrochen oder Walhai beobachtet werden können. Weltklasse-Tauchgänge sind angesagt: Der auf den ersten Blick unscheinbare Felsen garantiert Begegnungen mit dem größten Fisch auf Erden, dem **Walhai**. Auch verschiedene andere Haiarten sind hier anzutreffen. ***Koh Tachai*** ist für Besuche von Ammenhaien, Schildkröten, Rochen und Walhaien bekannt. Der bisher fast unerforschte Mergui-Archipel liegt bereits auf burmesischem Gebiet, hier können Sporttaucher neben großen Schwärmen pelagischer Fischarten auch Graue Riffhaie und Manta-Rochen entdecken.

Weitere bewährte Tauchplätze der Andamanensee liegen zwischen Phuket und Krabi. Kritiker weisen hier gerne auf die zunehmende Zerstörung der Riffe durch heimliches Dynamitfischen und wachsenden Bootsverkehr hin. Tatsächlich sind Landtauchgänge vor Phuket mit Sicherheit nur für Ausbildungszwecke sinnvoll, auch angebliche Taucherparadiese rund anderthalb Bootsstunden entfernt wurden schon Opfer des maritimen Massentourismus, ungeklärter Abwässer und zunehmender Beliebtheit von Tauchern aus aller Welt. Selbst Spots wie ***Shark Point*** und ***Koh Doc Mai*** haben gelitten. So tragische Folgen die Flutwelle von Weihnachten 2004 auch für die Menschen hier brachte, die strapazierte Unterwasserwelt erhielt eine Verschnaufpause. Die Korallenbleiche, das auch auf den Malediven bekannte „Coral bleeching", wurde jedenfalls vorerst gestoppt, Riffe blühen wieder und die Belastung durch Wilderei und Bootsverkehr ging ebenfalls zurück. ***Koh Lanta*** gilt als Ausgangsbasis, um die südlicheren Spots der Andamanensee zu betauchen. Die meisten dieser Tauchplätze liegen weit in der offenen See und wurden so niemals Opfer von Dynamitfischerei und Umweltverschmutzung. Kurz vor der Grenze zu Malaysia liegt die angesagte Backpacker-Insel ***Koh Lipe***, die ebenso als begnadetes südliches Mekka für Sporttaucher und Schnorchler zählt. In dem ***Tarutao-Archipel*** sind traumhafte Tropenstrände und bunte, unberührte Riffe fernab der Bootsflotten Phukets zu erkunden.

Der ***Golf von Thailand*** besteht aus einer flachen, weit ausladenden Ebene mit einer durchschnittlichen Tiefe von 30 Metern. Das Wasser ist nicht sehr salzig, da aus vielen Süßwasser-Flüssen der Region der Golf gespeist wird. Unterseeische Gebirgsrücken verhindern zudem den Wasseraustauch mit dem Südchinesischen Meer, so ist der Meeresgrund auch häufig sandig bis schlammig.
Trotzdem gibt es auch im Golf einige ausgezeichnete Tauchplätze, die sich gerade um ***Koh Tao*** und ***Chumphon*** herum finden. ***Pattaya*** gilt als Eldorado für Wracktaucher und Thailands ältestes Tauchrevier, rund 30 Inseln erstrecken sich in einem Halbkreis von ***Si Racha*** im Norden

bis ***Sattahip*** im Süden vor Pattayas Küste. Die Sichtverhältnisse im inneren Kreis sind wegen Bootsverkehr und Umweltverschmutzung aber eher dürftig. Wochenendtaucher aus Bangkok hingegen wissen die gute Verkehrsverbindung, günstige Hotels, Infrastruktur und niedrige Tauchpreise wohl zu schätzen. ***Koh Changs Meeres-Nationalpark*** bietet noch viele unbekannte Spots und in Kambodscha hat sich ***Sihanoukville*** zu einem neuen Zentrum für den Tauchsport entwickelt.

Es versteht sich eigentlich von selbst, dass Touristen und Wassersportler vor Ort keine Schildkrötenpanzer, Haigebisse, Muscheln oder abgebrochene Korallenstöcke kaufen sollten - auch wenn diese natürlich angeboten werden.

Weiterführende Links

- www.padi.com, weltweit führender Verband, Infos über Ausbildung und Tauchreisen.
- www.asiandiver.com, Tauchmagazin mit vielen Artikeln auch über Thailands Spots.
- www.scubaglobe.com, Tauchmagazin für die asiatisch-pazifische Region mit vielen Reportagen.
- www.asiadiveexpo.com, alljährliche Tauchermesse Ende März in Bangkok, Bangkok Convention Centre, 11:00 h bis 19:00 h.
- www.thaidiver.net gute Spotübersicht und aktuelle Berichte.
- www.asiadivesite.com, Tauchkarten und Spots aus ganz Südostasien
- www.sharkproject.com, Initiative zum Schutz und zur Erforschung der Haie e. V., gegründet u. a. von der südafrikanischen Taucherlegende Andy Cobb.
- www.wale-delfine.de, Meeresbiologie & Wissenswertes über Tümmler und die Giganten der Hochsee.
- www.underwaterasia.com, Auflistung der bekanntesten Tauchspots in Thailand und Asien.
- www.wrecks.net, die bekanntesten Schiffswracks im Netz.
- www.reefkeeper.org, Umweltschutz in dem sensiblen Ökosystem Korallenriff.
- www.cpadf.org, thailändische Organisation für den Schutz der UW-Flora und Fauna.
- www.tauchersprechstunde.de, medizinische Grundkenntnisse und Vorsorge für Sporttaucher.
- www.daneurope.de, DAN – Divers Alert Network Europe, weltweiter Versicherungsschutz bei Tauchunfällen.
- www.underwaterwedding.com, Hochzeit unter Wasser auf Koh Kradan bei Trang/Thailand.

UW-Fotografie

Mit einfachen wasserdichten (bis etwa 5 Meter Tiefe) Einwegkameras ab 10 € lassen sich bereits spannende UW-Aufnahmen beim Schnorcheln machen. Ein paar physikalische Grundlagen sollte man sich bei der UW-Fotografie immer vergegenwärtigen: Unter Wasser erscheinen alle Gegenstände um ein Viertel größer und damit auch näher, ebenso werden die Lichtstrahlen der Sonne an der Wasseroberfläche teilweise reflektiert. Es kann immer nur ein Teil des Sonnenlichtes in das Wasser eindringen. Mit zunehmender Tiefe erfolgt eine Absorption des Lichtes, ebenso werden Sonnenstrahlen in Wärme umgesetzt und durch Diffusion abgelenkt. Mit jedem weiteren Meter Tiefe werden also die Farben aus dem Wasser herausgefiltert. Bereits ab 3 Meter unterhalb der Wasseroberfläche fallen die Rottöne der Absorption zum Opfer, später folgt Orange, dann Gelb ab etwa 28 Meter. Dies ist ein Grund, warum viele schlecht ausgeleuchtete (Blitzlicht) UW-Fotos starke Grün- und Blautöne aufweisen. Der Fotograf muss also versuchen, die Distanz zwischen Kamera und Motiv so gering wie möglich zu halten. Ideal ist deshalb ein Weitwinkelobjektiv für das Einfangen komplexer Szenerien, kombiniert mit der Situation angepaßter Blitztechnik. Schwebeteilchen im Wasser, bedingt durch die Diffusion, erschweren die Arbeit zusätzlich. Bei zu starkem Blitzlicht wird die Sicht derart behindert, dass ansprechende Aufnahmen nicht mehr möglich sind. Auf dem Markt werden daher zusätzliche „Sklavenblitzgeräte" für das perfekte Ausleuchten von Motiven angeboten. Ideale Aufnahmen erreicht man, indem gegen das Sonnenlicht fotografiert wird; durch Blitzlicht aufgehellte Motive im Vordergrund sorgen für die nötige Tiefenschärfe. Fische sollten grundsätzlich von vorne fotografiert werden, auch wenn der Barrakuda gerade grimmig in die Linse schaut. Komposition der Bilder ist eine Sache für sich, die Geschmäcker sind verschieden.

In Thailand finden UW-Fotografen gut sortierte Tauchshops mit modernen UW-Kameras und Zubehör. Eine kleine Box mit den wichtigsten Utensilien für Pflege und Reparatur der Kamera sollte ein Fotograf stets dabeihaben.

Tipp: www.mike-dive.de, individuelle Lösungen für die digitale UW-Fotografie.

Bestimmung von Meeresbewohnern

In Deutschland erhält man in vielen Tauchschulen **Fischbestimmungstafeln**. Diese Dinger erleichtern die Identifizierung der gängigen Rifffische ungemein, sind wasserfest laminiert und können beim Tauchgang mitgeführt werden. Es gibt drei Standardtafeln; einmal für das **Rote Meer** und dann noch für die **Karibik** sowie die **Malediven / Südasien**.

Die Riffe ökologisch zu erhalten, hängt von jedem einzelnen ebenso ab wie von den Betreibern der Tauchschulen und Ferienanlagen. Riffe werden von lebenden Korallen aufgebaut, die kalkhaltigen Ausscheidungen dieser kleinen Hohltiere türmen sich im Laufe von Jahrhunderten zu riesigen Unterwassergebirgen. Man unterscheidet zwischen Steinkorallen, Fächerkorallen, Weichkorallen und Peitschenkorallen. Im Indischen Ozean treten u. a. auch Pilzkorallen, Griffelkorallen, Orgelkorallen und massive Porenkorallen auf. Alle Korallenarten sind mehr oder weniger nesselnd, da sie Zellen mit nesselnder Flüssigkeit besitzen. Diese Eigenschaft ist besonders bei der Millepora dichotoma, der **Feuerkoralle**, ausgeprägt. Dieser Korallentyp ist oft verbreitet, insbesondere in den strömungsstarken, äußeren Riffabhängen. Ein Hautkontakt verursacht schmerzhafte Brandwunden, deren Abheilen eine langwierige Sache ist. Korallengärten bilden den Lebensraum für eine Vielfalt an Meeresbewohnern; wer sich aufmerksam umsieht, wird auch Kleinstlebewesen wie Seestern, Kegelschnecke oder Muschel entdecken. Die **Kegelschnecke**, Conus textile, ist nicht ganz so harmlos, wie man meinen könnte. Diese Muschel kann giftige Pfeile abschießen, die normalerweise für das Fangen von kleiner Beute benutzt wird.

Die allgemeine Vorstellung, dass Haie die gefährlichsten Fische am Riff seien, ist falsch. Eine weitaus größere Gefahr geht von **Drückerfischen** aus, die extrem territorial und auch agressiv reagieren können. Insbesondere in der Nistzeit sind sie immer bereit, jeden anzugreifen, der sich zu nahe an ihre im sandigen Meeresboden vergrabenen Nester wagt. Drückerfische können über 70 cm groß werden und verfügen über einen sehr harten Schnabel, mit dem sie ohne weiteres einen Finger abbeißen können. Vor ein paar Jahren verblutete auf Koh Phangan ein Schwimmer, der nichtsahnend gegen einen größeren Zackenbarsch kraulte - dieser schnappte in einer Verteidigungsreaktion prompt zu. Mit einer einfachen Schwimmbrille und etwas mehr Aufmerksamkeit hätte dieser tragische Vorfall vermieden werden können.

Ein paar Tipps

Die wichtigste Regel lautet, keine lebenden Meeresorganismen zu berühren, schon im eigenen Interesse. Giftige **Rotfeuerfische** oder scharfzähnige **Muränen** freuen sich über jeden persönlichen Gruß. Schnorchler und Schwimmer an der Oberfläche sollten nicht auf dem Riff gehen, zu leicht werden die sensiblen Korallenpolypen durch Kontakte jeglicher Art zerstört. Ebenfalls ist mit gut getarnten **Steinfischen** zu rechnen, die im Riff kaum auszumachen sind und deren Rückenstacheln ein auch für den Menschen tödliches Gift injizieren. Viele **Korallenarten** verwenden auch Nesselzellen und toxische Gifte, um möglichst viel Beute aus dem nahrungsreichen Wasser heraus zu filtern. Ein T-Shirt oder leichter Neoprenanzug schützt vor schmerzhaften Berührungen. Bei starker Strömung oder rauer See sollten Taucher und Schnorchler dem Riff nicht zu nahe kommen, zu groß wäre die Gefahr plötzlich in die Korallenblöcke gedrückt zu werden. Scharfkantige Muscheln und Koral-

len können böse Schnittwunden verursachen, die auch Infektionen hervorrufen können. Taucher mit einer blutenden Wunde sollten umgehend das Wasser verlassen.
Ebenfalls sollten die **Flossen** am Riff äußerst behutsam eingesetzt werden, Wasserwirbel können beträchtliche Schäden verursachen. Das richtige Austarieren ist ganz wichtig für einen neutralen Auftrieb – eine falsche Tarierung kann zu einem schnellen Abstieg führen, zu Stürzen auf die empfindlichen Korallen. Aufgewirbelter Sand des Grundes kann Korallen ersticken. Korallenriffe sind empfindliche Ökosysteme, also sollten vom Meeresgrund auch keine Muscheln, Steine oder tote Korallenblöcke aufgesammelt werden. Das **Füttern** von Fischen beeinträchtigt deren Fressgewohnheiten und kann ein aggressives Verhalten nur fördern. Wie heißt es doch so schön: *„Nimm nur die Erinnerung mit und hinterlasse nichts als Fußabdrücke"*.

Checkliste Ausrüstung

- Tauchtasche
- Maske, Schnorchel, Flossen
- Anzug, Kopfhaube, Füsslinge
- Bleigurt
- Tarierweste
- Lungenautomat, Oktopus
- Tiefenmesser, Finimeter (Konsole)
- Kompass
- Tauchermesser
- Tauchcomputer (wenn vorhanden)
- Pressluftflasche

Nützliche Zusatzausrüstung

- Taucheruhr
- Boje & Flagge
- UW-Taschenlampe
- UW-Schreibtafel
- Buddy-Leine
- Hebesack
- Sammelbehälter
- Kamera & Filme

Ersatzteile

- O-Ringe
- Blei
- Neopren-Kleber
- Flossen- und Maskenbänder
- Batterien / Glühbirne für die Taschenlampe
- Werkzeug

Persönliche Dinge

- Logbuch / Brevet
- Tauchtabellen
- Handtuch
- Kleidung zum Wechseln
- Badehose / Bikini
- Kleingeld
- Sonnenbrille / Hut / Sonnenschutz
- Wasser & Snacks

Notfall-Ausrüstung

- 100 % Sauerstoff
- Signalpfeife
- Erste-Hilfe-Ausrüstung
- Notfallplan, Telefonnummern
- Wasser
- Wolldecke

- Schwimmhilfe
- Schreibtafel für Unfallmanagement
- Seile & Packsack
- Kommunikation, Mobiltelefon, Funk
- Namen und Adressen der Tauchpartner

Taucherkrankheiten

■ **Stickstoffnarkose**: Allgemein bekannt als „Tiefenrausch", ausgelöst durch einen erhöhten Partialdruck des Stickstoffs, welcher bei zunehmenden Wasserdruck in der Tiefe auf die Nervenzellen des Gehirns wirkt. Einige Taucher erleben die Stickstoffnarkose bereits in Tiefen von 30 bis 40 Meter, aus gutem Grunde gelten daher 40 Meter als maximale Tiefengrenze für Sporttaucher. Die Symptome können plötzlich und unerwartet auftreten: Reaktions-, Konzentrations-, sowie Kritikfähigkeit nehmen ab, Euphorie oder Schwermut tragen zur Verwirrung bei, Apathie oder Bewußtlosigkeit zählen zu den weiteren Erscheinungsformen des „Tiefenrausches". Therapie: Unverzüglich in geringere Tiefen aufsteigen.

■ **Unterkühlung**: Wird die übliche Körpertemperatur von knapp 37 °C unterschritten, dann können ernsthafte Symptome wie Verwirrung, Orientierungslosigkeit, Herzrhythmus- und Atemstörungen oder gar Schüttelfrost auftreten. Der unterkühlte Taucher sollte unbedingt warm gehalten werden, heiße Getränke oder eine heiße Dusche bewirken bereits einiges. Ist das Opfer bereits ohne Bewußtsein, sollten Behandlungsmaßnahmen wie bei einem Schock getroffen werden bis der Notarzt eintrifft. Achtung: Bei niedrigen Wassertemperaturen wird durch verminderte Stickstoff-Entsättigung die Gefahr eines Dekompressionsunfalls erhöht, auf alle Fälle den Sicherheitsstop auf 5 Meter einhalten.

■ **Überhitzung**: Bei unzureichender Flüssigkeitsaufnahme und körperlicher Betätigung erhöht sich die Körpertemperatur. Erschöpfung, Hitzschlag, Kollabieren sind die Symptome. Das Opfer sollte unverzüglich in den Schatten gebracht und komplett entkleidet werden. Etwas Kühlung schafft z. B. das Abreiben mit einem nassen Handtuch, ebenfalls sollte Flüssigkeit verabreicht werden. Ist der Sporttaucher bereits ohne Bewußtsein, sollte er in eine stabile Seitenlage gebracht werden. Ein Arzt sollte in jedem Falle benachrichtigt werden.

■ **Schock**: Wird durch Sauerstoff- und Blutmangel hervorgerufen. Die Erste Hilfe richtet sich demnach auch daran, die Versorgung des Gewebes wiederherzustellen. Die Verabreichung reinen Sauerstoffs ist Teil der Therapie, ebenfalls sollten äussere Blutungen durch Druckverband bzw. Hochlegen der betroffenen Körperpartien gestillt werden. Das Opfer sollte, soweit bei Bewußtsein, auf den Rücken gelegt werden, die Beine hoch gelagert, den Kopf seitlich gedreht.

■ **Kohlendioxid- und Kohlenmonxidvergiftung**: Erstere Vergiftung wird häufig durch das sogenannte „Hyperventilieren", das schnelle, stossweise Ein- und Ausatmen verursacht. Die Kohlenmonoxidvergiftung wird durch das Ansaugen von Abgasen bei schlecht arbeitenden Kompressoren bedingt. Die so gefüllten Pressluftflaschen sind beste Voraussetzung für spätere Vergiftungen. Symptome sind Kurzatmigkeit, Bewußtlosigkeit, Blaufärbung der Haut. Das Opfer solllte umgehend mit Sauerstoff versorgt werden, ggf. eine Herz-Lungen-Wiederbelebung durchführen. Auf alle Fälle sollte ärztliche Hilfe konsultiert werden.

■ **Akute Dekompressionskrankheit**: Steigt ein Taucher aus einer Tiefe mit hohem Umgebungsdruck zu schnell an die Oberfläche mit niedrigem Druck, dann kann der aufgenommmene Stickstoff nicht vollständig abgebaut werden, es bilden sich Stickstoffbläschen im Gewebe. Bei einer richtigen Dekompression hingegen entweicht der Stickstoff auf natürliche Weise ins Blut und wird über die Lunge ausgeatmet. Man unterscheidet zwischen Cassionkrankheit und Barotrauma mit arterieller Gasembolie. Wichtig für den Helfer ist, die Symptome eines „Deko-Unfalls" zu erkennen und eine sofortige Behandlung einzuleiten: Übelkeit und Erbrechen, Unwohlsein und Schwäche, Gelenkschmerzen, Schwindel, Lähmungen, Hautjucken. Ein Barotrauma kann jedes Gewebe betreffen, das lufthaltige Körperhöhlungen umgibt: Das Trommelfell kann platzen, Nasenbluten ist ein Indiz für Nebenhöhlenschmerzen, geschwollene und blutunterlaufene Augen können auftreten, ein Zahnbarotrauma kann eingeschlossene Lufträume von Plomben betreffen. Schlimmster Fall ist eine geplatzte Lunge, von daher sollte beim Notaufstieg auch immer auf das Ausatmen geachtet werden. Symptome sind Kurzatmigkeit, Brustschmerzen, Bewußtlosigkeit. Die Erstversorgung sollte wie folgt aussehen: Herz-Lungen-Wiederbelebung, Verabreichung von reinem Sauerstoff, stabile Seitenlage, Infusionen und Flüssigkeitsabgabe, schnellstmöglicher Transport in ein Krankenhaus bzw. in eine Dekokammer.

Notfalladressen

■ **DAN**, www.diversalertnetwork.org

■ **Hyperbaric Services Thailand**, SSS Recompression Chamber Network, www.sssnetwork.com. SSS Phuket, Tel.: 076 - 342518; SSS Krabi, Tel.: 075 - 695275; SSS Samui, Tel.: 077 - 427427; SSS Koh Tao, Tel.: 077 - 456572. Kontakt: phuket@sssnetwork.com, samui@sssnetwork.com.

GRUNDLAGEN & TIPPS

Künstliche Riffe

Als seinerzeit die ausgediente Bohrinsel „Brent Spar" in der Nordsee versenkt werden sollte, schrieen Presse und Umweltorganisationen laut auf. Heute werden nicht nur in asiatischen Gewässern verrostete Schiffe von Marine und Taucherlobby versenkt, um künstliche Riffe zu schaffen. Unter Beachtung einer **umweltgerechten Entsorgung** von Altölen und giftigen Schadstoffen vor dem Versenken ist dem nichts entgegen zu setzen. Ein künstliches Riff aus neuzeitlichem Wohlstandsmüll bereitet der kommerziellen Fischerei **neue Fischgründe**, ebenso schaffen die riffbildenden Hartkorallen neuen Lebensraum für niedere Arten. Sporttaucher entdecken neue **spektakuläre Tauchspots** und werden von den stark frequentierten Hausriffen abgezogen. Auch unter Berücksichtigung der Korallenbleiche der letzten Jahre wird der Umwelt auf diese Weise eine Verschnaufpause zugestanden. Ein Beispiel aus der Karibik verdeutlicht den Nutzen von künstlichen Riffen: Vor der Insel *St. Thomas* wurde an einem künstlichen Riff aus Steinblöcken 1,7 Kilogramm Fisch pro Kubikmeter Wasser gezählt. An den beiden Hausriffen, die natürlich gewachsen waren, wurden auf gleichem Raum lediglich nur rund 158 Gramm Fisch gezählt.

Reisezeit

Die günstigste Reisezeit für Europäer ist von November bis Mai, wobei es ab Ende März in Thailand extrem heiß mit Temperaturen bis über 40° C werden kann. In Kambodscha gilt der Februar als wärmster Monat, die Trockenzeit endet hier meist bereits im April. Im Hochland muss im Winter auch mit kühleren Nächten gerechnet werden. Die Regenzeit setzt zumeist ab Juni ein und dauert bis Ende Oktober. Die gesamte Westküste der Halbinsel vom Malakka (Phuket, Krabi, Phi Phi) ertrinkt dann in sintflutartigen Regenfällen, während die Ostküste (Koh Samui, Koh Tao) i. d. Regel gutes Wetter hat.

Anreise

Deutsche Staatsbürger, Schweizer, Österreicher und andere Europäer erhalten bei der Einreise nach Thailand ein kostenloses Visum, gültig für maximal 30 Tage. Verlängerungen sind einfach zu bekommen. Viele in Thailand lebende Europäer fahren denn auch regelmäßig zur nächsten Landesgrenze, um kurz darauf mit einem neuen Stempel im Pass wieder einzureisen. Das Touristenvisum (30 Tage) für Kambodscha erhält man ebenfalls bei der Einreise, allerdings sind dann auf dem Landwege ca. 25 -30 US $ zu zahlen. Wer mit dem Flugzeug nach Phnom Penh oder Siem Reap reist, der zahlt nur 20 US $. Der Reisepass sollte auch bei der Ausreise noch mindestens sechs Monate gültig sein, Passbilder nicht vergessen. Ein Businessvisum für Kambodscha ist ebenfalls einfach zu erhalten, nicht wenige Westler aus Thailand haben denn auch ihre Geschäfte mit Restaurants und Bars in das Nachbarland verlegt. In Bangkok´s Khao San Road haben sich etliche Reisebüros auf die Visumbeschaffung über Nacht spezialisiert, hier wird der Reisepass gegen Bares mit den gewünschten Stempeln gepflastert. Die Flughafensteuer beträgt bei internationalen Flügen in Bangkok 500 Bt., in Phnom Penh 25 US $.

Thailändisches Fremdenverkehrsamt:
Bethmannstraße 58, D-60311 Frankfurt/Main, Tel.: 069 - 13 81 390, Fax: 069 - 13 81 395 0, eMail: info@thailandtourismus.de, www.thailandtourismus.de.
Zähringerstraße 16, Postfach 660, CH-3000 Bern 9, Tel.: 031 - 300 30 88, Fax: 031 - 300 30 77, eMail: info@tourismthailand.ch, www.tourismthailand.ch.

Preiswerte Flugtickets finden sich auch häufig im Netz.

- www.lastminute.de, große Auswahl, Aufenthalt bis zu 4 Wochen.
- www.ltur.de, Tickets zu fairen Tarifen.
- www.colibri-reisen.de, Round-The-World Tickets und Rundflüge.
- www.china-airlines.de, günstige Flüge nach Bangkok.
- www.flugticket.de, viele günstige Flüge.

VORBEREITUNG

- www.statravel.de, Globalplayer der Branche.
- www.sanado.com, Restplätze, zeitlich begrenzte Flugspecials und Airpässe.
- www.travel-overland.de, Klassiker der Branche mit wechselnden Flugangeboten.
- www.mahan-air.de, iranische Fluggesellschaft mit günstigen Bangkokflügen ab 450,- €.
- www.skyways.de, günstige Flüge mit Verfügbarkeitsprüfung und Buchungsmaske.
- www.flugplan.de, Register aller Fluggesellschaften.
- www.konsulate.de, Einreisebestimmungen nach Ländern sortiert.

Zoll

Pro Person darf ein Liter Alkohol, ein Liter Wein, 200 Zigaretten oder 250 g Tabak eingeführt werden. Fotoapparate, Videokameras u. ä. einschl. Filme dürfen für den persönlichen Gebrauch eingeführt werden. Die Bestimmungen werden aber selten genau kontrolliert. Verboten ist die Ausfuhr von Antiquitäten (Buddhastatuen u. ä.) aus Thailand.

Botschaften und Konsulate

- **Deutsche Botschaft**, 9 South Sathorn Road, Bangkok 10120, Tel.: (0066-2) 287 9000, Fax: (0066-2) 287 1776, eMail: info@german-embassy.or.th. Auch Honorarkonsulate in Chiang Mai und Phuket.

Deutsche Botschaft, No. 76 -78, Street 214 (Rue Yougoslavie), Phnom Penh, Tel.: (00855) 0-23 216 193, Fax: (00855) 0-23 427 746, eMail: germanembassy@everyday.com.kh. Sprechzeiten Mo. - Fr., 8:30 h bis 11:30 h, www.phnompenh.diplo.de.

- **Schweizerische Botschaft**, 35 North Wireless Road, Bangkok 10330, G.P.O. Box 821, Bangkok 10501, nahe der Hochbahnstation Ploenchit, Tel. 0066 - 2 253 0156, Fax: 0066 - 2 255 44 81, eMail: vertretung@ban.rep.admin.ch, geöffnet von 9:00 h bis 11:30 h (Mo.-Fr.). Konsulatsvertretung in Phnom Penh, www.eda.admin.ch.
- **Österreichische Botschaft**, 14, Soi Nandha, Off Soi 1, Attakarn Prasit Sathorn Thai Road, 10120 Bangkok, Tel.: 02 - 287 3970/72, Fax: 02 - 287 3925, eMail: bangkok-ob@bmaa.gv.at. Auch Honorarkonsulat in Chiang Mai und Phuket, www.bmaa.gv.at.

Unterkunft

Unterkünfte finden sich für jedes Budget ab etwa 2 €. Die **Guesthouses** verfügen meist über ein Doppelbett, so dass 2 Personen günstiger reisen als Singles - gezahlt wird für das Zimmer, nicht pro Person. An den Stränden Thailands lassen sich komplette **Bungalows** und **Strandhütten** mieten, der Trend geht eindeutig gen Klimaanlage und Backstein. Bei verwegeneren Absteigen empfiehlt sich vor dem Bezug eine kleine Inspektion. Matratze und Bettwäsche sollten durchaus auf Aprilfrische und Alter untersucht werden, nichts ist ärgerlicher als Wanzenstiche oder stechender Schweißgeruch des Vorgängers in den Laken. Bei hartnäckigen Fällen hilft ein Schlafsack-Inlet aus Baumwolle oder Seide, auch ein **Sarong** kann gute Dienste leisten. Fenster und Türen sollten verschließbar sein!

- www.asiarooms.com, Unterkunft- und Hotellisten für ganz Asien.
- www.hostelscentral.com, Budgethotels für kleines Geld.
- www.hostelbooking.com, Reservierungen online sind möglich.
- www.sawasdee-hotels.com, thailändische Hotelkette mit fairen Tarifen von 250 Bt. bis 1800 Bt..
- www.cambodiahotels.net, Hotelliste mit Reservierungsmöglichkeiten, s. auch www.hoteltravel.com.
- www.gratistours.com, Hotel-Suchmaschine mit vielen günstigen Herbergen.
- www.holidaycheck.de, unabhängiges Meinungsportal für Hotelbewertungen.

Transport

Der öffentliche Verkehr ist in ganz Südostasien preiswert und zuverlässig. Tipps für die Weiterreise nach Vietnam oder Laos unter www.travelfish.org.

Bus:

Der Bus ist wichtigstes Transportmittel.

- www.fahrplan-online.de, Tarife und Abfahrzeiten für über 150 Länder.
- www.busstation.net, größte Sammlung an Busfahrplänen im Netz.

Fähren:

- www.lomprayah.com, Fahrplan der Katamaran-Flotte zwischen Chumphon, Koh Tao, Koh Samui, Koh Phangan. Zweimal täglich Transfer mit dem VIP-Bus von Bangkok nach Chumphon.
- www.chaophrayaboat.com, Fahrplan der Flussboote in Bangkok.

Wassertaxi in Bangkok

Flug:

- www.valuair.com.sg, von Singapur nach Bangkok, Jakarta oder Perth, einfacher Flug Singapur-Bangkok ab 66 €.
- www.allairpass.com, Rundflüge und Airpässe für Globetrotter.
- www.airasia.com, Billigfluggesellschaft mit Sitz in Kuala Lumpur, Malaysia. Günstige Zubringerflüge nach Manila (Philippinen), Penang (Malaysia), Denpasar (Bali/Indonesien), Jakarta (Indonesien), Bangkok, Phuket, Chiang Mai uvm., ab ca. 20 €. Die Flüge lassen sich nur „ticketless" online buchen, um Kosten zu sparen. Die Gesellschaft unterhält auch ein Büro am Flughafen Bangkok.
- www.airparadise.co.id, preiswerte Flüge von Denpasar/Bali nach Bangkok, Seoul, Osaka und Australien.
- www.nokair.co.th, von Bangkok nach Chiang Mai, Udon Thani, Phuket oder Hat Yai, einfacher Flug ab 19 €.
- www.tigerairways.com, Billigableger von Singapore Airlines, von Singapur nach Bangkok, Phuket, Hat Yai ab ca. 36 €.
- www.bangkokair.com, Bangkok Airways, von Bangkok nach Koh Samui, Phuket, Krabi, Trat (Koh Chang), Chiang Mai und Phnom Penh (Kambodscha). European Regional Office: Bethmannstraße 58, D-60311 Frankfurt/Main, Tel.: (49 69) 133 77 565/566, Fax: (49 69) 133 77 567, eMail: info@bangkokairways.de. Die Maschinen nach Koh Samui starten fast stündlich, eine Reservierung ist i. d. Regel nicht erforderlich . Standby Schalter erlauben auch kurzfristige Entscheidungen, das Ticket kann mit der Kreditkarte bezahlt werden.
- www.presidentairlines.com, President Airlines, von Bangkok nach Phnom Penh ab ca. 55 € für den einfachen Flug.
- www.siemreapairways.com, s. auch www.mekongworldheritage.com, preiswerte Rundflüge von Bangkok nach Sukhothai (Thailand), Luang Prabang (Laos), Angor Wat (Kambodscha).
- www.vietnamairlines.com, von Saigon und Hanoi nach Phnom Penh und Siem Reap.
- www.thaiairways.com, www.thaiair.de, Flüge nach Europa und asiatisches Streckennetz.
- www.JetstarAsia.com, Schwerpunkt ist die Strecke Bangkok–Singapur, ebenfalls Querverbindungen in die gesamte Region.

Mietwagen:

Leihwagen und Mopeds sind sehr günstig für europäische Verhältnisse, ab umgerechnet ca. 3 € kann man sich bereits für einen Tag einen Motorroller chartern. Der **internationale Führerschein** sollte also im Reisegepäck nicht fehlen.

Achtung: Auf Koh Samui und Phuket kommt es immer wieder zu schweren Unfällen mit Touristen. Viele Urlauber unterschätzen den Verkehr und überschätzen ihr Talent. Schlaglöcher, unbeleuchtete Trucks in der Dunkelheit, streunende Tiere auf der Fahrbahn und rasant rasende Busse sind nur etwas für nüchterne, geübte Fahrer. Wer in Deutschland noch nie auf einem Motorrad oder Roller gesessen hat, der sollte nicht gerade in Thailand mit ersten Fahrstunden auf eigene Faust beginnen. Ein weiteres Problem sind die teilweise katastrophalen Zustände, in denen sich so manches Leihgerät befindet. Vor einem Deal unbedingt die Verkehrssicherheit und den Versicherungsschutz überprüfen; Mängel sollte man sich schriftlich bestätigen lassen. **On the Road**.

- www.smtrentacar.com
- www.exclusivethailand.com

Frauen allein unterwegs

Thailand gilt als ideales Reiseland für einsame Farang-Ladies, und in Kambodscha haben sich die waffenstarrenden Roten Khmer in Luft aufgelöst. Buddhistische Religion, örtliche Toleranz, perfekte Infrastruktur und viele gleichgesinnte Rucksacktouristen auf der Rennstrecke bieten beste Bedingungen für eigene Gehversuche.

Es gelten die bewährten Sicherheitsvorkehrungen: Ein **Ehering** am Finger täuscht den eifersüchtigen Gatten vor, **Fotos** der (eigenen) Kinderschar haben schon so manchen liebestollen Don Juan verschreckt. Abseits des Strandes sollte auf züchtige **Kleidung** Wert gelegt werden. Ein modisches **Kopftuch** schützt nicht nur vor der brennenden Sonne sondern auch vor neugierigen Blicken. Kontakt zu einheimischen Frauen und anderen Travellern bietet bei Anmachen in überfüllten Bussen und finsteren Gassen gute Schutzfunktion. Ein wichtiger „Diplomat" in der Familie kann bei Scherereien von Nutzen sein. **Trillerpfeife** und **Tränengas** in der Handtasche erhöhen das subjektive Sicherheitsempfinden und schaffen Selbstvertrauen. Bruce Lee´s „Todeskralle" muss Frau für eine Reise nach Thailand oder Kambodscha jedenfalls nicht erlernen.

In zahlreichen **Internetforen**, z. B. www.journeywoman.com oder www.reisespinne.de findet Frau einschlägige Tipps, Gleichgesinnte oder potentielle Reisegefährtinnen.

Budget

Thailand und Kambodscha sind sehr günstige Reiseländer. Einfache **Unterkünfte** finden sich bereits ab 100 Bt., in Kambodscha ab 3 US $. Die große Flasche Bier kostet in Thailand ca. 70 BT., in Diskotheken und Bars etwas mehr. **Garküchen** bekochen Touristen etwa in der Khao San Road mit schlichten Nudelgerichten für 15 Bt.; Frühstück und Kaffee gibt´s ab 60 Bt.. Simple Tellergerichte in einfachen Restaurants kosten rund 50 Bt., in Kambodscha etwa 1 US $. Frischgepresste Fruchtsäfte und Milchshakes liefern viel Vitamine für kleines Geld.

Der öffentliche **Transport** ist durchweg günstig, für Bustickets oder Fähre sind meist nur wenige Euros zu zahlen. Sparsame Reisende

Toul Sleng Museum // Phnom Penh

Das King Cruiser Wrack //
Andamanensee

Das Schiffswrack der 87 Meter langen **Personenfähre**, die am 04.05.1997 vor dem Anemonen Riff auf Grund lief und sank, gilt als spektakulärster Wracktauchgang Thailands. Von den Passagieren konnten seinerzeit alle gerettet werden, so dass das Wrack bereits nach kurzer Zeit zum Tauchen freigegeben wurde.

Die gut erhaltenen Überreste des Fährschiffs stehen aufrecht auf dem Meeresgrund in einer Tiefe von etwa **30 Metern**. Die Aufbauten reichen bis auf 12 Meter an die Wasseroberfläche heran, zwischen Oberdeck und Flachwasser patrouillieren zahlreiche Schwärme pelagischer Fischarten und **farbenprächtige Rotfeuerfische**. Der Schiffsrumpf ist mit einem dichten Muschelpanzer bewachsen. Das Wrack kann komplett umrundet werden, ein Eindringen in Laderaum und Deckskabinen sei nur erfahrenen Tauchern empfohlen. Mit einer starken Lampe können Taucher auch von außen in die Fenster leuchten und so die Vergangenheit aufleben lassen.

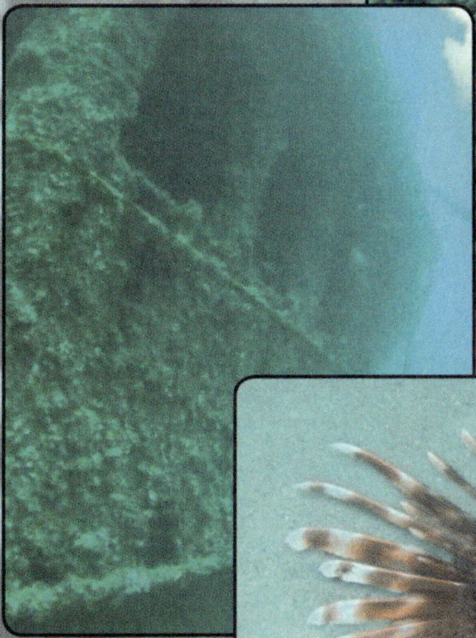

Anemonenfische *(Familie Amphiprioninae)*

Plankton // Einzelgänger // 5-6 cm //
lebt in Seeanemonen // Aggressiv

Barrakudas *(Familie Sphyraenidae)*

Räuber // Schwarmfisch // bis 2m lang
lebt in Buchten & Riffkanten // Blinker

Zackenbarsche *(Familie Serranidae)*

Räuber // Einzelgänger // 5 cm - 3 m
lebt an Höhlen / Korallen // Aggressiv

Kardinalfische *(Familie Apogonidae)*

Plankton // Schwarmfisch // ca. 5 cm
lebt an Korallen und ist ortsgebunden

Meerbarben *(Familie Mullidae)*

Räuber // Schwarmfisch // 25-30 cm
lebt an Riffböden // wirbelt Staub auf

Leoparden-/ Zebrahai *(Stegastoma fasciatum)*

Frisst Krebse & Weichtiere // Einzelgänger
bis 3,5 m // lebt am Riffgrund // Friedlich

Falterfische *(Familie Chaetodontidae)*

Friedfisch // Paare & Schwärme
bis 25 cm // Rifffisch // Farbig!

Kugelfische *(Famile Tetraodonthidae)*

Allesfresser // Einzelgänger
bis 90 cm // lebt im Korallenriff

Muränen *(Familie Muraenidae)*

Räuber // Einzelgänger // 50-200 cm
lebt in Höhlen / Spalten// Nachtaktiv

Kaiserfische *(Famile Pomacanthidae)*

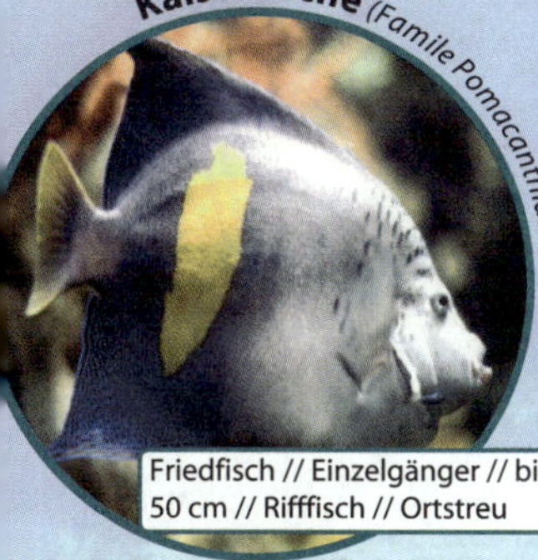

Friedfisch // Einzelgänger // bis
50 cm // Rifffisch // Ortstreu

Lippfische *(Famile Labridae)*

Allesfresser // 4-200 cm
Geschlechtswandler

Drückerfische *(Famile Balistidae)*

Allesfresser // Einzelgänger // 17-70 cm
Flachwasser & Riffe // Brut-Aggressiv!

Großaugenbarsche (Famile Priacanthidae)

Allesfresser // Einzeln & Gruppen
30 cm // Höhlen & Korallen // Nachtaktiv

Tigerhai (Galeocerdo Cuvier)

Allesfresser // Einzelgänger // bis 6m
lebt bis -150m // Achtung: Aggressiv!

Grundeln (Famile Gobiidae)

Lauerräuber // Einzelgänger
10 cm // Flachwasser & Riffe

Stachelmakrelen (Famile Carangidae)

Räuber // Schwarmfisch // 60 cm
Offene See // Tag- & Nachtaktiv

Schnapper (Famile Lutianidae)

Räuber // Schwarmfisch // bis 70 cm
Flachwasser & Riffe // Wohlschmeckend!

Seepferdchen (Famile Hippocampinae)

ZooPlankton // Einzelgänger // 60 cm
Geschützte Stellen // Gute Tarnung

Papageifische (Familie Scaridae)

Korallenfresser // Einzeln & in Gruppen
bis 120 cm // lebt an Riffen // Friedlich

Rochen (Famile Myliobatoidei)

Kleintierfresser // Einzelgänger // bis 6m // lebt am Boden & gräbt sich dort ein // Stachel an Schwanzspitze

Seeschlange (Famile Laticaudinae)

Allesfresser // Einzelgänger // Friedlich
bis 2m // kleines Maul // Hochgiftig!

Schleimfische (Famile Blennidae)

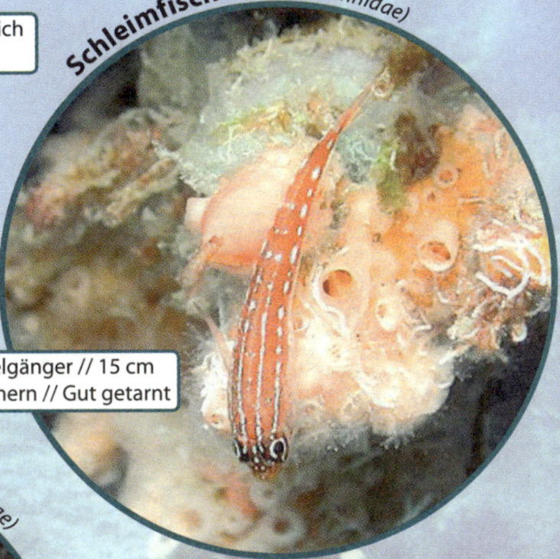

Räuber // Einzelgänger // 15 cm
lebt in Riff-Löchern // Gut getarnt

Steinfische (Famile Synanceidae)

Einzelgänger // 50cm // Lebt getarnt im Riff
Stachel in der Rückenflosse // Giftig!

Thunfisch (Famile Scombridae)

Räuber // Schwarmfisch // bis 2m
Hochsee & Küstennähe // Friedlich

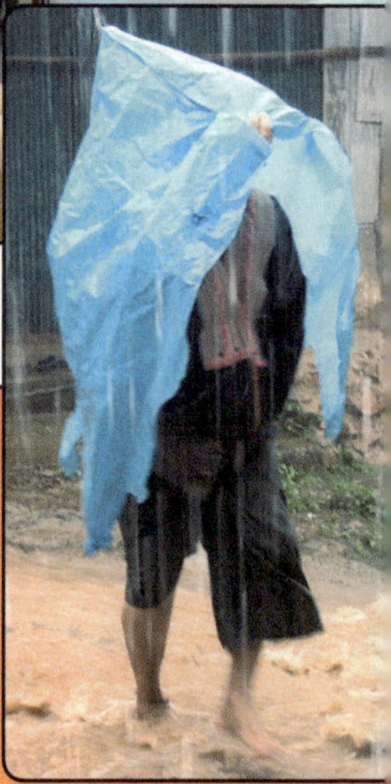

△ *Sanuk (Spaß) // Koh Samui*

▷ *Improvisiertes Regencape*

▽ *Sonnenuntergang auf Koh Ma*

mit geringem Budget können also bequem mit einem Tagessatz von 15 € auskommen. Die meisten Thais verdienen im Schnitt weniger als 200 € im Monat, daran sollte man bei Preisverhandlungen immer denken. In Kambodscha ist das Einkommen noch geringer, bedingt durch den langen Bürgerkrieg und die katasprophale wirtschaftliche Lage in den letzten Jahren.

- www.outsidemag.com
- www.budgetravel.com

Geld

Der **Wechselkurs** in **Thailand** beträgt aktuell 50 Baht für 1 €, der Dollar brachte zuletzt nur rund 40 Baht. In **Kambodscha** ist die einheimische Währung Riel zu vernachlässigen, es wird fast durchweg in Dollar oder thailändischer Währung gezahlt (1 US $ = 3940 R.). Es empfiehlt sich eine Stückelung der Reisekasse: Den Schwerpunkt sollten **Reiseschecks** bilden – bei Verlust oder Diebstahl sind die Schecks versichert. **Kaufbelege** getrennt aufbewahren, klar. Bargeld in kleinen Scheinen ist immer nützlich, US $ sind für abgelegene Regionen und Kambodscha zu bevorzugen. Manche schwören auf eine Sicherheitsreserve von 100 € im **Geldgürtel**, ist Geschmackssache. Mit der **Kreditkarte** können unangenehme Rechnungen bequem bargeldlos bezahlt werden. Die Benutzung der Geldautomaten (ATM´s) ist in vielen Städten Thailands möglich.

- www.oanda.com
- www.visa.com

Post

Postämter finden sich selbst in den kleinsten Provinzstädten. Im Zeitalter von eMail und Internet haben die guten alten „Poste Restante" - Sendungen wohl ausgedient.

Internet

Internetcafés sind an allen touristisch frequentierten Ortschaften ausreichend vertreten.

Elektrizität

220 Volt / 50 Hz

Zeitverschiebung

MEZ + 7 h (Sommerzeit)

Medien

Die englischsprachige thailändische Tageszeitung **Bangkok Post** informiert umfassend über das aktuelle Tagesgeschehen in Asien und veröffentlicht Veranstaltungstipps und Konzerttermine, www.bangkokpost.com. Eine weitere englischsprachige Zeitung ist **The Nation**, www.nationmultimedia.com. Die **Phuket Gazette**, www.phuketgazette.com, bietet Online-Infos über Thailands größte Ferieninsel. Das Magazin „**Thailife**" informiert auch in deutscher Sprache über die Mekongregion, www.thailife.de. Die Zeitschrift **Farang** erscheint monatlich und ist für 100 Bt. in vielen Buchläden und in der Khao San Road erhältlich - viele Adressen, Tipps und Termine für Touristen, www.farangonline.com. Die **Phnom Penh Post** ist eine englischsprachige Tageszeitung in Kambodscha, www.phnompenhpost.com. Einen guten Überblick über die Region bietet auch die **Asiaweek**, www.asiaweek.com. Rucksacktouristen werden auch fündig auf der Online-Seite von www.backpacker.com. **Asian Diver** ist ein internationales Tauchmagazin mit Schwerpunkt Asien, www.asiandiver.com. **ScubaGlobe** ist ein weiteres Tauchmagazin für den asiatischen und thailändischen Markt, www.scubaglobe.com.

Der **BBC** World News Service, www.bbc.co.uk/worldservice, ist eine zuverlässige Informationsquelle. **The Voice of America** sendet ebenfalls in Thailand, www.voa.gov. Die aktuellen Frequenzen der **Deutschen Welle**: www.dwelle.de. Die internationalen Nachrichtenmagazine **Newsweek**, **Time** oder **Spiegel** sind in den großen Hotels und wichtigen Touristenzentren erhältlich. **Internetcafés** finden sich unter www.cybercafes.com

Einkaufen

Thailand gilt als **Shopping-Eldorado**, Touristen staunen oft mit glänzenden Augen über die einschlägigen **Nachtmärkte** in der Khao San Road oder Patpong Road in Bangkok. Lohnend sind **Lederwaren**, **Textilien**, **Silberschmuck**, **Schnitzereien** und **CDs / DVDs** (Piratenprodukte). Handeln gehört unbedingt dazu und ist ein Spiel, bei dem niemand das Gesicht verlieren sollte. In **Phnom Penh** ist der ***Russian Market*** Anlaufstelle für Schnäppchenjäger. Nicht nur in Tüten abgepacktes **Marihuana** wird hier angeboten, sondern auch T-Shirts für 2 US $ mit dem Aufdruck „Hard Rock Café Phnom Penh" - obwohl es in der ganzen Stadt kein zugehöriges Hard Rock Café gibt.

Gesundheit

Vor der Abreise lohnt sich der Abschluss einer **Reisekrankenversicherung** mit Rücktransport. Arzt- und Krankenhausrechnungen müssen vor Ort sofort bezahlt werden, mit Thailand und Kambodscha bestehen keine Sozialabkommen. Eine Impfvorschrift besteht nicht. Einige

Standards empfehlen sich jedoch immer: **Impfschutz** gegen Diphtherie, Polio, Tetanus, Typhus und Hepatitis A. Nördliche Gebiete Thailands wie Kambodschas sind **Malaria**-Zonen. Als Reisender ist man im Vergleich zu vielen Einheimischen, die z. T. nur in einfachen Hütten ohne Moskitonetz wohnen, besser geschützt. Natürlich sollte in der Dämmerung, wenn die **Mücken** aktiv werden, ein langärmliges Hemd und eine lange Hose getragen werden; freiliegende Hautpartien sollten mit **Autan** o. ä. eingerieben werden. ***Mosquito-Coils*** (Räucherspiralen) und ein eigenes **Moskitonetz** tragen zu weiteren Schutzmassnahmen bei. Die Städte und Touristenzentren von Thailand gelten als malariafrei. Malariamedikamente erhält man vor Ort preiswerter als in Deutschland, die dortigen Krankenhäuser sind auch für den „worst case" gerüstet. Die medizinische Versorgung in Kambodscha ist nicht mit Thailand zu vergleichen; Blinddarm-OP´s oder Kaiserschnitte sollten besser in Bangkok ausgeführt werden. Prophylaktische Maßnahmen können nur von einem Tropenarzt festgelegt werden.

Achtung! Die **HIV**-Rate in Thailand und Kambodscha steigt kontinuierlich, **Kondome** schützen!

Salate sind ideale Keimträger; außerhalb der Touristenzentren sollte auch mit **Eiswürfeln** vorsichtig umgegangen werden, sonst droht Montezumas Rache Stehende Gewässer sollten nicht **barfuß** durchquert werden, die Gefahr der **Bilharziose** ist durchaus gegeben. Die Hände sollte man sich so oft wie möglich waschen, einige schwören auch auf kleine Desinfektionstüchlein für unterwegs. Finger weg von streunenden Hunden oder Katzen! **Flöhe** sind noch die harmloseren Souvenirs, Wurmerkrankungen und Tollwutgefahr sollten nicht unterschätzt werden. Medikamente sind vor Ort häufig preiswerter als in Deutschland.

Nelkenöl hilft gegen Mückenstiche und Sandflöhe. ***Kokosnussöl*** vertreibt gierige Sandflöhe. ***Tiger-Balm*** enthält Eukalyptus und wirkt bei Mückenstichen lindernd. ***Knoblauch*** hat sich bei Zahnschmerzen bewährt. ***Papaya-Kerne*** (1 Teelöffel pro Tag) helfen gegen Dünnpfiff. ***Salztabletten*** oder ***Elektrolyte-Pulver*** (auch Salzgebäck) helfen gegen Schwäche und Salzmangel in Folge starken Schwitzens (Trekking o. ä.). Viel **Wasser** trinken (min. 5 Liter pro Tag), frische Früchte und abwechslungsreiche Kost tragen zur körperlichen Fitness bei.

Eine persönliche Reiseberatung mit Impfsprechstunde bietet u. a. das **Bernhard-Nocht-Institut** in Hamburg St. Pauli an, ebenfalls Tipps zur Zusammenstellung einer kleinen Reiseapotheke. Tel. 040 / 428 18 800 oder www.gesundes-reisen.de.

Peel it, boil it, cook it or forget it!

- www.internationalsos.com
- www.tauchersprechstunde.de

Sicherheit

Vor der Reise ist es sinnvoll, sich **Kopien** der wichtigsten Reisedokumente anzufertigen. Eine **Gepäckversicherung** kann für Leute mit teurer Fotoausrüstung o. ä. sinnvoll sein. Für Reisepass, Ticket, Reiseschecks empfiehlt sich ein **Geldgurt**, **Beintasche** oder **Schulterhalfter**, den man unter der Kleidung tragen kann. Die Outdoorindustrie bringt hier ständig neue Modelle auf den Markt. Die Geldbörse mit dem Tagesbedarf gehört in die vordere Hosentasche. Ein **Vorhängeschloss** am Rucksack oder an der Reisetasche schützt vor gierigen Fingern auch in Hotelzimmern. Dort sollte das Fenster immer geschlossen bleiben, ein Gitter davor und funktionierende Innenriegel sollten Standard sein.

In den **Billighotels** am besten beim Verlassen des Raumes alles im Rucksack oder Daypack bunkern und mit Vorhängeschloss sichern, so werden schlecht bezahlte Hotelangestellte gar nicht erst in Versuchung geführt. Wenn die Tür nur mit Vorhängeschloss gesichert ist, dann sollte hier das eigene Schloss her. Pass, Ticket und Reiseschecks lassen sich häufig gegen Quittung im Hotelsafe deponieren. Ideal ist eine kleine Tasche mit Reißverschluss, die man mit Vorhängeschloss sichern kann. Ist die Absteige zu verwegen, dann alles am Körper behalten oder ggf. im Zimmer gut verstecken. **Klebeband** und **Schraubenzieher** können wertvolle Dienste leisten, der Fantasie sind keine Grenzen gesetzt. Rucksäcke sollten generell vorne getragen werden. Die teure **Fotoausrüstung** ist in unauffälligen Jutetaschen oder Plastiktüten besser aufgehoben. Praktisch für Schnorchler und Schwimmer ist ein **Aquasafe**, in den man Kleingeld, Sonnenbrille oder Hotelschlüssel stecken kann. Aufdringlichen Händlern und Schleppern geht man aus dem Wege, indem kleine Wehwehchen wie Durchfall oder Malaria vorgetäuscht werden. Thailand ist ein sicheres Reiseland, gewalttätige Überfälle sind die Ausnahme.

Achtung! Immer wieder wurde uns von Fällen berichtet, bei denen Touristen durch **K.O.-Tropfen** betäubt und anschliessend ausgeraubt wurden. Insbesondere in Nachtbussen muss mit „gestreckten" Getränken oder Speisen gerechnet werden, das Servicepersonal steckt nicht selten mit den Halunken unter einer Decke. Ebenfalls sollte man bei langen Busfahrten nicht sein **Handgepäck** auf dem Boden abstellen und dabei womöglich auch noch einnicken - **Kinder** krabbeln geschickt unter den Sitzen umher und können mit wenigen Handgriffen das Budget minimieren oder Wertsachen greifen. In den **Nachtzügen** wird manchmal einfach ungefragt ein deftiges Frühstück serviert; wer herzhaft zubeißt, der hat schon verloren und muss für Spiegeleier den Gegenwert einer Flasche Schampus zahlen.

Bis vor etwa 3 Jahren waren bewaffnete **Überfälle** und **Schmiergeldzahlungen** an Uniformierte im nächtlichen Phnom Penh keine Seltenheit. Mit einer **Packung Marlboro** und etwas Handgeld war man immer gewappnet. Die Sicherheitslage hat sich aber seitdem stark verbessert, das Land ist soweit einfach zu bereisen. Größtes Problem bleiben wohl immer noch die vielen **Landminen** aus Kriegszeiten, ebenso die vielen Waffen im Lande. So können zahlungskräftige Touristen für harte Dollar auf einem Gelände nahe dem Flughafen Phnom Penh mit Bazookas und Kalaschnikows herumballern - Disneyland für Wohlstandssöldner. **Reisewarnungen** für den Ernstfall gibt das Auswärtige Amt heraus.

- www.auswaertiges-amt.de
- www.terrorismanswers.com

Tipp: Das **Auswärtige Amt**, Broschürenstelle, Werderscher Markt 1, 10117 Berlin, Tel. 030 / 50 00 2000, hat eine neue Bröschüre „**Kleiner Ratgeber für Ihre Urlaubsplanung – Wir wollen, dass Sie sicher reisen**" herausgebracht. Tipps zur Reisevorbereitung auch auf der neuen Website des Auswärtigen Amtes.

- www.diplo.de/sicherreisen

Drogen

In Thailand wird so ziemlich alles gehandelt, was „Verbesserungen der Lebenseinstellung" verspricht. Vorbei aber die Zeiten, als auf den Inseln Koh Samui und Phangan noch die psychodelischen **Pilze**, die „Magic Mushrooms", legal waren und man beim dauergrinsenden Bungalow-Vermieter das **Ganja** mit dem Bier und dem Pilzomlette ordern konnte. Insbesondere während der Fullmoon-Parties auf Koh Phangan platzt der örtlichen Polizei regelmässig der Kragen, und es ist immer mit Razzien zu rechnen. Wie so oft arbeiten auch in Thailand viele ***Pusher*** mit der örtlichen Polizei zusammen. Wer an Schmuggel denkt, der sollte sich die deutschen und ausländischen Wracks im „Bangkok Hilton", dem größten Knast Bangkok´s, ansehen. Die thailändische **Heroinmafia** reicht bis in höchste Kreise, gerne werden hin und wieder ein paar „Farang-Mulis" für die ausländische Presse geopfert und demonstrativ Drogenfunde vor der Kamera verbrannt. In Kambodscha ist der Tisch ebenfalls reich gedeckt, aber hier lassen sich mitunter die Gesetze noch mit harten Dollars verbiegen.

In Thailands Apotheken werden auch legal diverse Muntermacher gehandelt, die gerade von übermüdeten Busfahrern auf Ferntouren geschätzt werden. **Opiumraucher** dagegen bevorzugen die Berge von Laos. **Shabu** heißt die asiatische Crackvariante, insbesondere auch in Manila populär. „Happy Cigarette" oder „Happy Pizza" werden die Joints und **psychedelischen Pizzen** in Phnom Penh genannt. **Yama** ist die kambodschanische Modedroge und gehört zur Gruppe der Amphetamine (Speed). Die Droge wird wegen ihrer stimulierenden Wirkung häufig von Prostituierten geraucht, auch viele kambodschanische Männer wissen den „Viagra-Effekt" zu schätzen. Die Folge ist ein dramatischer Anstieg der ohnehin schon hohen **HIV-Rate** in Kambodscha.

Auf Drogenbesitz- und Handel stehen in Thailand und Kambodscha viele Jahre **Gefängnis** bis hin zur **Todesstrafe**! Wer erwischt wird, der braucht sofort jede Menge Bargeld, ansonsten ist Schluss mit lustig.
Besser Finger weg.

Literatur

- **Riff-Führer Südostasien**, Helmut Debelius. Übersichtskarten und Fischführer mit vielen erstklassigen Fotos, Jahr Top Spezial, € 36,80.
- **Haiunfälle**, Erich Ritter u. a., eindrucksvolle Fotos und gut recherchierte Fallbeispiele. Kosmos, € 24,90.
- **Siddharta**, Hermann Hesse. „Einen Buddha zu schaffen, der den allgemein anerkannten Buddha übertrifft, das ist eine unerhörte Tat, gerade für einen Deutschen...", schrieb Henry Miller über dieses Meisterwerk. Der Titel wurde allein in 12 verschiedene indische Dialekte übersetzt. Suhrkamp Taschenbuch, € 9,90.
- **Road Rash** (engl.), Ken May. Reflexionen über das Global Village der internationalen Travellergemeinde in Asien und White Trash. Erhältlich in vielen Bookstores in Bangkok oder online: www.selectbooks.com.sg/titles/34096.htm. Auszüge finden sich auch auf der Website www.ajarn.com.
- **Der Traum des Ruhelosen**, Bruce Chatwin. Anmerkungen eines der bedeutendsten Reiseschriftstellers zum Nomadentum, Fischer Taschenbuch, € 8,90.
- **Fliegen ohne Flügel**, Tiziano Terzani. Kultbuch des Spiegel-Autors über Streifzüge in Asien. Goldmann, € 9,00.
- **Einmal rundherum**. Geschichten einer Weltreise, Andreas Altmann. Der Autor ist Träger des Egon-Erwin-Kisch-Preises, das Buch bereits jetzt ein Klassiker der Reiseliteratur. Rowohlt, € 6,90.
- **Das Tropenbuch**, Roland Hanewald. Vom Leben und Überleben in tropischen und subtropischen Ländern. Klassiker der Survivel-Literatur in launiger Handschrift. Peters Publikationen, € 15.

Karten

Ohne detailliertes Kartenmaterial läßt sich ein Land nicht erschliessen und Rucksackreisende benötigen andere Karten als der Pauschaltourist. Die **Touristeninformationen** in Thailand sind gut bestückt, gleich am Flughafen findet sich hier kostenloses Material. In den **Bookshops** in Bangkok werden ganze Kartensätze für kleines Geld angeboten, in der ***Khao San Road*** wird auch viel gebrauchtes Material gehandelt bzw. getauscht. In **Kambodscha** erhält man in den einschlägigen ***Farang-Kneipen*** gratis Touristenbroschüren (Visitors Guide) einschließlich

Stadtpläne, s. auch www.canby-publications.com. Anlaufstelle für Auskünfte ist in Phnom Penh u. a. auch der legendäre **Foreign Correspondents Club of Cambodia (FCC)**, www.fcccambodia.com. Karten von Tauchspots werden auch im Netz präsentiert, s. www.asiadivesite.com.

Fündig wird man auch bei **Dr. Götze Land & Karte**, Tel. 040 35 74 63 0, www.mapshop-hamburg.de. Die Firma **ITMB Publishing**, www.itmb.com, veröffentlicht Karten für jeden Winkel dieser Welt.

- www.worldatlas.com, Landkarten für Globalplayer.

Ich packe meinen Koffer

Generell gilt: So wenig wie möglich, jedes Kilo zuviel schmerzt. Zudem reist es sich mit leichtem Gepäck einfacher und mit einer „Schrankwand" auf dem Rücken lassen sich überfüllte Überlandbusse oder Tuk-Tuks nur schwer entern. Vor Ort kann die Ausrüstung ohnehin preiswert ergänzt werden, von **Moneybelts** über **T-Shirts** bis zu **Hängematten**. Leichte Reisetaschen oder Rucksäcke sind ideal für die Individualreise.

- www.urlaubs-checkliste.de

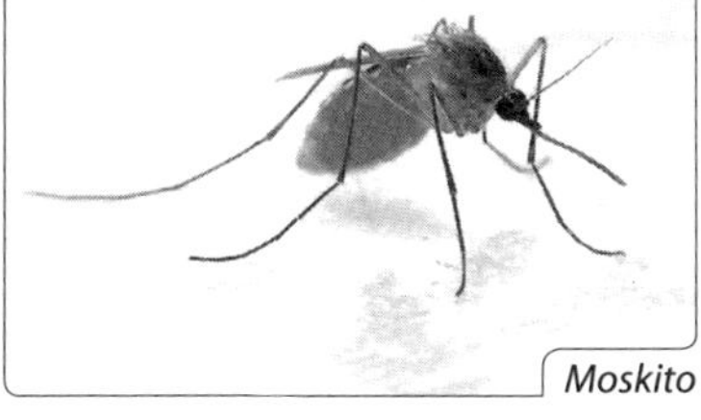

Moskito

Bewährte Dinge:

- Taschenlampe / Feuerzeug / Kerze
- Sonnenbrille / Sonnenmilch / Hut
- Reisewecker für frühe Termine
- Vorhängeschloss, ggf. mit Kette
- Waschmittel aus der Tube
- Reiseführer / Sprachführer
- Taschenmesser / Schraubenzieher
- Sarong; kann als Decke, Laken, Handtuch, Strandmatte oder Klopapier genutzt werden
- Autan gegen Moskitos / Tiger-Balm
- Ohrenstöpsel
- Kugelschreiber / Adressbuch
- Taschenrechner für Währungskalkulation
- Waschzeug / Hygieneartikel / Make up
- Notapotheke / Erste Hilfe
- Verhütungsmittel / Tampons o. ä.
- 1 Rolle Klopapier

Weitere Artikel für unterwegs:

- Weltempfänger / Walkman / MP3
- Kamera und Filme
- Moskitonetz
- Signalpfeife
- Taucherbrille, Schnorchel, Flossen
- Landkarte
- Aquasafe für Schnorchelabenteuer
- Camping-Equipment
- Kompass für Wanderungen
- Bücher / Kartenspiel o. ä.
- Fernglas
- Fotos und Postkarten aus der Heimat, ideale Geschenke für unterwegs.
- Angelhaken / Schnur

Checkliste Kleidung:

- 3 oder 4 Paar Unterhosen / Unterwäsche
- Badehose / Bikini / Boardshorts
- 2 Paar Socken
- 2 kleine Handtücher
- Shorts
- 2 T-Shirts
- 2 Hemden
- 1 lange Hose
- Badesandalen / Flip-Flops
- 1 Paar feste Schuhe
- 1 Pullover für kalte Abende im Hochland
- Regenponcho
- Plastiktüten für Schmutzwäsche

Tipps zur Zusammenstellung einer kleinen Reiseapotheke für die Hosentasche:
Aspirin ist immer nützlich. ***Pflaster*** und ***Mullbinden*** sowie ***Desinfektionsmittel***. ***Autan*** gegen hartnäckige Stechmücken. ***Zinkoxidsalbe*** hat sich bei der Behandlung verbrannter Haut bewährt. ***Nagelschere*** und ***Pinzette*** für kosmetische Eingriffe. ***Imodium*** gegen Reisedurchfall. ***Sonnenöl*** ist in Deutschland wesentlich preiswerter. Ein ***Sprühverband*** schützt aufgekratzte Moskitostiche oder Flohbisse vor Infektionen. ***Tiger-Balm*** kühlt den Juckreiz. Alles andere bekommt man in den zahlreichen Apotheken vor Ort.

In der Regenzeit kann der blaue Müllsack aus deutschen Landen ruckzuck mit drei Löchern in einen **Regenponcho** verwandelt werden. Nicht gerade geeignet für einen Besuch in Paris, aber man wird nicht nass. Kleidung lässt sich preiswert vor Ort ergänzen. Für ein paar Cent kann man auch überall seine Klamotten waschen lassen (**Laundy-Service**).

Tuk Tuks in Warteschlange

VORBEREITUNG

Fotografieren

Ausreichend **Filme** sollten aus Deutschland mitgebracht und während der Reise an einem **kühlen und trockenen Ort** aufbewahrt werden. Auch einige Fotoshops bieten Filme an, aber unbedingt auf das **Verfallsdatum** achten. Die günstigsten Lichtverhältnisse herrschen morgens und abends. Die extremen Lichtverhältnisse in der Mittagszeit sind auch mit Filtern nicht immer auszugleichen. Volle Speicherkarten von Digitalkameras lassen sich in vielen **Internet-Cafés** wieder betriebsbereit machen.
Unterwasser-Fotografen finden Equipment und Zubehör in den vielen **Tauchshops** Thailands.

ANHANG

Floating Market // Bangkok

M. C. „Snake" Schall

Ken May

Tarek Abbady

Ralf Falbe

■ **M. C. „Snake" Schall**, Jahrgang 1964, bereist die Mekong-Region regelmäßig seit über zehn Jahren und gilt als leidenschaftlicher Gerätetaucher und Schnorchler.

■ **Tarek Abbady**, Jahrgang 1966, ist ausgebildeter Volkswirt und gebürtiger Nilschwabe. Neben dem afrikanischen Kontinent besucht er regelmässig den Fernen Osten und entdeckt bunte Riffe mit Schnorchel und Taucherbrille.

■ **Ken May**, Jahrgang 1964, wuchs in Seattle, USA, auf. Er arbeitete als Kellner, DJ, Tankwart und Schriftsteller. Nach Stationen in Ungarn und Korea lebt er heute als Englischlehrer in Ayutthaya, Thailand.

■ **Ralf Falbe**, Jahrgang 1967, ist gelernter Architekt, überzeugter Globetrotter und langjähriger Divemaster. Ausgedehnte Reisen führen ihn immer wieder nach Asien.

Brasilien: Der Strandführer
cybertours-x Verlag
Armin Köhler u. a.

- 2. erweiterte Auflage April 2006
- 192 Seiten
- Paperback
- zahlreiche Karten und Fotos
- € 14,80

ISBN 3-9809585-4-X

PRESSESTIMMEN ZUR ERSTEN AUFLAGE

„Ein Tipp für Traveller mit kleinem Budget, die Brasiliens Strände auf eigene Faust entdecken wollen... Ohne Bilder, ohne Schnickschnack."
REISE & PREISE, AUSGABE 04/2003

„Buchempfehlung: Strandtipps Brasilien... – klasse Strandführer, cybertours-x Verlag."
CLEVER REISEN, AUSGABE 01/2004

„...Kurz und knapp werden alle wichtigen Daten und Fakten in puncto Strand und Ortschaften vermittelt sowie Unterkunfts- und Restaurantvorschläge unterbreitet... Das kleine 144 Seiten starke Büchlein eignet sich also gut zur Reisevorbereitung..."
TAUCHEN, AUSGABE 04/2004

„Strand gut: Über 7.400 Km Küste - da fällt die Wahl schwer. Der Band `Brasilien - Der Strandführer´ hilft, den richtigen zu finden. Die 30 schönsten Badeorte, von Torres bis Belém, und ihre Beaches werden vorgestellt. Mit Unterkunft- und Restaurant-Tipps, Beschreibung der Umgebung und Verkehrsverbindungen..."
ABENTEUER & REISEN MAGAZIN, AUSGABE 12/04

Sri Lanka: Der Strandführer,
cybertours-x Verlag
Ralf Falbe

- 1. Auflage Juni 2004
- 172 Seiten
- Paperback
- zahlreiche Karten und Fotos
- Leseprobe auf der Webseite
- € 14,80

ISBN 3-9809585-0-7

„Am schmalen Geldbeutel und den Interessen von jungen und jung gebliebenen Rucksacktouristen orientiert sich diese neue Reihe von Strandführern, die in einer flotten Sprache und ohne viel Schnickschnack wichtige Informationen für den Urlaub präsentieren. Im vorliegenden Band über Sri Lanka wird jedoch auch das Landesinnere nicht ganz vernachlässigt. Aber vor allem geht es natürlich um den aktiven sportlichen oder auch den geruhsamen Strandurlaub. Günstige Unterkünfte und Restaurants werden mit erstaunlich vielen Internet-Links aufgeführt, Strandaktivitäten vorgestellt und überhaupt jede Menge Tipps offeriert, die auf persönlichen Erfahrungen des Autors basieren. Zu jedem Strand gibt es eine Karte, die sich auf die wichtigsten Angaben beschränkt und so auch den kartenunkundigsten Nutzer kaum vor Probleme stellen wird. Nicht zuletzt das kompakte Format wird zum Erfolg dieser Reihe beitragen. Konkurrenzloses Nischenprodukt, empfehlenswert..."

EKZ.BIBLIOTHEKSSERVICE.GMBH

„...Schmaler, schmuckloser Band, aber mit vielen Tipps und Adressen für budgetbewusste Traveller..."

GEO SPECIAL, INDIENS SÜDEN & SRI LANKA, OKTOBER/NOVEMBER 2004, S. 156, LITERATURTIPP REISEFÜHRER

„...Gut auch der `Sri Lanka - Strandführer´ aus dem cybertours-x Verlag..."

FLIEGEN & SPAREN, NR. 4/2004

Costa Rica: Der Strandführer,
cybertours-x Verlag
Ralf Falbe

- 1. Auflage Dezember 2004
- 188 Seiten
- Paperback
- zahlreiche Karten und Fotos
- Leseprobe auf der Webseite
- € 14,80

ISBN 3-9809585-1-5

„...Das Buch ist pure Info..."
BELLA, NR. 17, 20.04.2005

„...Bevor du dich also auf den Weg nach Costa Rica machst, kauf´ dir diesen Guide!"
SURFERS, 01/2005

„Ralf Falbe verfasst mit seinem handlichen Reiseführer ein kleines, spannend zu lesendes Schmuckstück. Es ragt in seiner Art aus der Masse der konventionellen Reiseführer durch seine lockere Sprache mit gutem Hintergrundwissen heraus... Im Gegensatz zu den `normalen´ Reiseführern besticht er auch durch seine kritische Ehrlichkeit... Insgesamt lesenswert!"
AQUANAUT TAUCHMAGANZIN, 5/6 2005

KURZBESCHREIBUNG

Die abenteuerlichsten Reiserouten und ausführliche Kapitel für den Kick zwischen Regenwald und Küste:

- Die günstigsten Unterkünfte mit Preisangabe und vielen Internetlinks
- Alle Strandaktivitäten für den Kick an der Küste
- Die schönsten Strände mit zahlrei chen Karten
- Aktuelle Adressen und praktische Insidertipps für Individualreisende
- Nightlife und Travellertreffs
- Nationalparks & Ökotourismus
- Reisevorbereitung & Länderkunde
- Mit San José, dem Zentralen Hochland und den Nordprovinzen
- Broschiert und mit Farbfotos...

Ägypten: 100 % Adrenalin
cybertours-x Verlag
Tarek Abbady u. a.

- 1. Auflage Mai 2005
- 188 Seiten
- Paperback
- zahlreiche Karten und Fotos
- Leseprobe auf der Webseite
- € 14,80

ISBN 3-9809585-2-3

„Dies ist ein auf die Bedürfnisse sowohl des Individual- als auch des Pauschaltouristen abgestimmter kompakter Reiseführer. In übersichtlichen Kapiteln werden zuerst Schwerpunkte der einzelnen Regionen aufgezeigt, Geopgraphie, Bevölkerung, Flora und Fauna gestreift... Ein weiteres Kapitel befasst sich ausführlich mit speziellen Aktivitäten wie Tauchen, Segeln, Hochseefischen, Trekking, Nilflussfahrten, Wüstenexpeditionen und anderem... Hinweise auf empfehlenswerte Hotels mit angegliederten Tauchbasen erleichtern die Auswahl... Viele Kartenskizzen, aktuelle Adressen und Internet-Links... ein handliches, übersichtlich eingeteiltes Buch mit hohem Informationswert."

AQUANAUT TAUCHMAGAZIN, NR. 11/12

„...die abenteuerlichsten Reiserouten für den Urlaub..."

FIT FOR FUN MAGAZIN, NR. 08/05

„...Sehr gut auch die vielen Internetadressen..."

EKZ.BIBLIOTHEKSSERVICE GMBH

- *Wüstenexpeditionen*
- *Tauchen / Segeln*
- *Motorradtouren*
- *Kulturschock*
- *Hochseefischen*
- *Trekking / Nationalparks*
- *Wildlife / Safaris*
- *Flussfahrten*
- *Höhlenerkundung / Klettern*
- *Mountainbiking*
- *Oasen*
- *Monumente*
- *Reiten...*

Bali & Nusa Tenggara: 100 % Adrenalin
cybertours-x Verlag
Ralf Falbe

- 1. Auflage August 2005
- 200 Seiten
- Paperback
- zahlreiche Karten und Farbfotos
- € 14,80

ISBN 3-9809585-3-1

KURZBESCHREIBUNG

Die abenteuerlichsten Reiserouten und ausführliche Kapitel für den Kick zwischen Regenwald und Küste.

- *Vulkane*
- *Tauchen*
- *Motorradtouren*
- *Segeln*
- *Kulturschock*
- *Hochseefischen*
- *Surfen*
- *Trekking*
- *Nationalparks*
- *Komodo-Drachen*
- *Höhlenerkundung*
- *Robinson-Inseln*
- *Klettern*
- *Korallenriffe*

„Bali neu entdecken. Auf spannenden Reiserouten, die gespickt sind mit Insider-Tipps zu Restaurants, Bars, Unterkünften und öffentlichen Verkehrsmitteln..."
BELLA, NR. 40

- Die günstigsten Unterkünfte mit vielen Internet-Links
- Aktivitäten und Adrenalin
- Adressen und Insider-Tipps
- Nightlife und Travellertreffs
- Über 50 Karten und Skizzen
- Verkehrsverbindungen und Fahrpläne
- Reisevorbereitung und Länderkunde
- Broschiert und mit Farbfotos

www.cinezz.de
Unterwasserbilder wie im Kino...

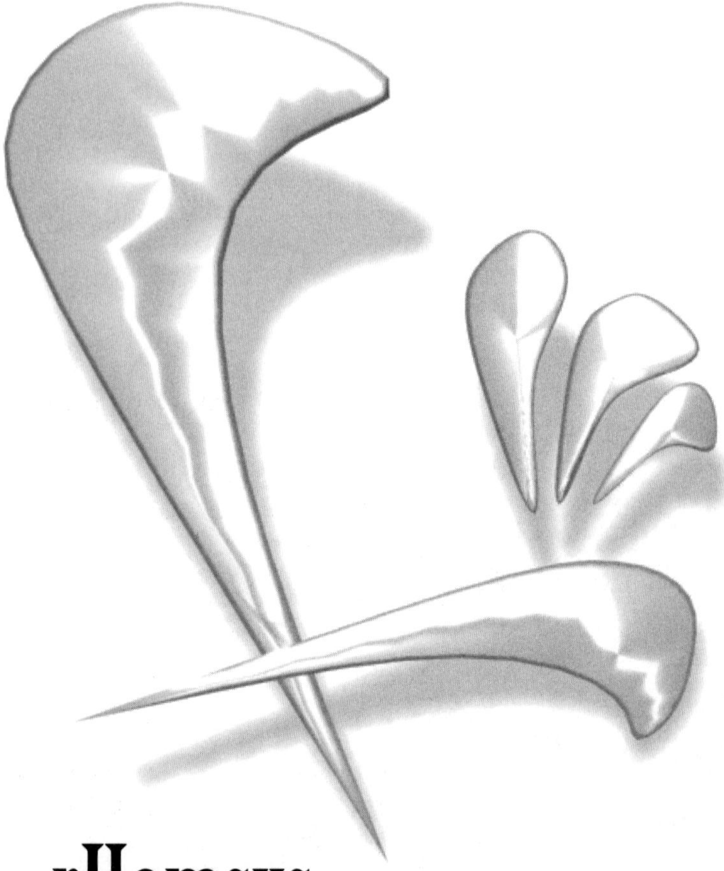

Weltklassetauchen - weit ab vom Massentourismus
EDEN DIVERS PHUKET
Liveaboards ★ Boots-Charter
Tauchausbildung ★ Halb-Tagestrips
PADI Dive Resort # 6542
52/8 Rat-U-Thit RD
Patong Beach, Phuket
Fon & Fax: 076290474
WWW.EDENDIVERS.COM